期货交易必胜术

一 阳 著

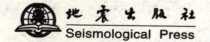

地震出版社

Seismological Press

图书在版编目（CIP）数据

期货交易必胜术 / 一阳著. —北京：地震出版社，2017.8

ISBN 978-7-5028-4857-6

Ⅰ．①期…　Ⅱ．①一…　Ⅲ．①期货交易 - 基本知识　Ⅳ．①F830.93

中国版本图书馆 CIP 数据核字 (2017) 第 130920 号

地震版 XM4004

期货交易必胜术

一阳　著

责任编辑：薛广盈　　吴桂洪

责任校对：凌　樱

出版发行：**地震出版社**

北京市海淀区民族大学南路 9 号　　　　邮编：100081

发行部：68423031　　68467993　　　传真：88421706

门市部：68467991　　　　　　　　　　传真：68467991

总编室：68462709　　68423029　　　　传真：68455221

证券图书事业部：68426052　　68470332

http://www.dzpress.com.cn

E-mail:zqbj68426052@163.com

经销：全国各地新华书店

印刷：三河市嵩川印刷有限公司

版（印）次：2017 年 8 月第一版　　2017 年 8 月第一次印刷

开本：787×1092　　1/16

字数：234 千字

印张：15.25

书号：ISBN 978-7-5028-4857-6/F（5557）

定价：39.80 元

前　言

顺序的重要性

小的时候玩过一款智力游戏：捉放曹。在一个大长方形的木框里，放着几个大小形态不一的小木块，通过来回的移动将其中最大的一块木块，也就是把代表着曹操的木块移动到规定的位置，移对了就代表胜利。想必不少朋友都玩过这个游戏或类似的游戏。这个游戏最重要的其实就是顺序，一旦顺序搞错，曹操也就很难顺利地逃走了。

顺序这事也像是做菜，同样的食材、同样的火候、同样的调料，如果炒制的顺序不同味道也是完全的不同。就拿糖与盐来说吧，应当是先放糖而后再放盐，这样菜的味道才会更好，如果顺序不对，就算一样的食材一样的火候，也必然一个好吃一个难吃。

关于"交易的顺序"这一话题，在国内已出版的证券与期货图中书均还没有过，这一次一阳再次为各位读者朋友奉献一个全新的、之前秘而不传的重要内容。

许多投资者都过于注意介入点位，而忽视了其实最为重要的技术环节，这也是许多投资者经常疑惑：明明懂得很多，可就是赚不到钱，为什么？除了可能是学习的方法太散碎，东一块西一块不成系统以外，就是顺序搭配混乱了，因此，你懂得再多也不可能赚到钱。开仓的方法在交易的顺序中其实只排在第四位，也就是实战时第四步才轮到它出马。如果一阳不告诉你，你是永远不会知道你的交易精力分配出错了。虽然说开仓点的方法的确占到实战交易比重的大头，但它并不是第一要考虑的要素。排在它前边的三个要素如果没有按顺序进行，虽然可以赚到钱，但比起按顺序交易的投资者来说赚的就要少得多了。战场上开枪杀敌固然重要，但你是不是得先瞄准？瞄都不瞄，你开一百枪也未必打得死一个敌人。

以往交易的时候讲究：方法。而现今希望你意识到，顺序+方法才是王

1

道！就算你有了正确的方法，但没有按照正确的顺序去执行交易，你实战的效率也将会是极为低下的。

笔者始终认为，交易结果就是实战方法可行性的代表。如果你可以做到持续性的稳定盈利，那毫无疑问，你的理念、你的交易顺序、你的交易方法全部都是正确的。但绝大多数的投资者却是年年亏损，许多投资者边亏边学，边学边继续亏，资金并没有因为学习而增值，反而很稳定且持续性的亏损。亏损说明了一切，绝对不要说某一个方法正确就认为你就会赚钱，交易是一个系统性的工程，它由许多环节构成，一个环节出了问题就得赔钱。随便拔掉你汽车一个管子或是插头，你觉得你的车还能正常跑起来吗？

有许多投资者和我交流时侃侃而谈，其对技术的理解在口头上并不见得比我差，但一落实到实战上就不行了，这就好像是一辆车的所有零件你全都有，但你就是不会正确地组装起来，这些零件犹如废铁，这也是许多老手最大的困惑，懂得很多，做起来却依然错误不断。怎么解决？简单，跟着一阳好好学习一下交易的顺序吧！

一阳实战技巧的顺序+方法就是王道，这话你自己去体验吧！

为回报各位读者朋友的支持，凡购买本书的读者朋友，均可加我助手QQ号索取免费提供的20个内部培训视频课件，以便你可以获得本书以外其他更精彩的交易技巧。同时，每周二、四均有免费公开视频培训课程，以及每天都有的当天买卖点形态总结小视频，希望这些公开的视频课程可以帮助各位读者朋友树立正确的交易理念、建立正确的操盘手法。如需要进一步学习，我们还有多种极富实战性的内部培训课程，可根据自身情况选择学习。

笔者联系方式：

手机：13810467983　　　　　　　　（敬请短信联系）

QQ：987858807-李助教　　　　　　　（索取视频课件）

一　阳

2017 年2月18日

目　录

※ 第一章 多空环境识别 ※

市场的多空环境这一话题在目前国内已出版的期货类书籍中，除了一阳以外，从未有第二人汲及。这是一阳对国内期货市场分析技术的一大贡献。当然，一阳虽然是第一个以公开发表的方式提出，但并不一定是第一个使用这种方法的人，任何交易的方法都是事先存在的，正所谓：文章本天成，妙手偶得之。

许多事物都是要讲环境的，鱼离开了水这个环境就无法生存，你在寒冷的环境中穿着裤衩背心是不是找虐？经济环境不好，做实业就困难，此时应当谨慎扩张，经济环境好转，才可以加大投资大干一场……期货交易这么重要的事情，又怎能不讲究市场的多空环境呢？

因此请记住：实战交易的第一步，先看多空环境！

第一节 弱态多头环境及操作策略

弱态多头环境是出现次数较多的一种多头环境，它的特点是：多头占据上锋，但力度并不是太强，跌会出现，但不会深跌，上涨是主流，弱态多头市场的重点在于这个弱字。既然多头力度并不是太强，所以，当弱态多头环境出现的时候，投资者降低收益预期，在这种环境中只有赚小钱的机会。

弱态多头环境的判断标准为：

(1)绝大多数品种上涨，允许少数几个品种下跌，但其跌幅不能过深；

(2)四大板块内的品种平均涨幅在1%之内，龙头品种涨幅在2%左右；

(3)绝大多数品种分时线在均价线上方，或者在观察时期，绝大多数品种布林线指标中轨方向向上。

第(2)条的涨幅各位读者不要死搬教条的来讲，写它的目的就是为了突出这个弱字。关键点在于第(3)条。在具体分析时，投资者第一步应先看：涨跌幅排序，了解一下所有品种涨跌幅状况，以及涨跌幅家数；第二步再把所有的品种翻看一下，了解一下所有品种分时线与均价线的关系，以及布林线指标中轨在1分钟K线或3分钟K线图中的方向，两者经综合分析后来确定多空性质，这二项工作要求在2分钟以内完成。

当弱态多头坏境出埌的时候应当以什么样的思路进行操作呢？本着擒贼先擒王的角度，应当优先考虑当时涨幅前5名的品种，涨幅少的品种不建议关注，除非其技术形态非常经典。在具体操作时主要的手法为：逢低做多，不宜进行追涨操作。因为这是弱态多头市场，价格虽然会涨，但基本上都是进三退二的方式上涨，一追往往就是一个高点，经过一番调整后可能才会再创新高，此时的调整可能就会非常折磨投资者了，甚至还有可能打穿止损位，所以，在价格调整的低点再进行做多操作才是正确的选择。当然，对于涨幅居前的品种，在其上涨的初期阶段时，是可以采取突破或是追涨的方法进行操作的；涨幅居后的品种无论什么时候都不建议进行突破式的操作或是追涨式的操作。

2016年9月6日市场多空状态(图1-1)。

序	代码	名称	最新	涨跌	↓涨幅
1	pp1701	PP1701	7311	171	2.39%
2	l1701	塑料1701	8835	180	2.08%
3	RM701	菜粕1701	2223	38	1.74%
4	CF701	棉花1701	14115	225	1.62%
5	bu1612	沥青1612	1910	30	1.60%
6	FG701	玻璃1701	1204	16	1.35%
7	i1701	铁矿1701	424.0	5.5	1.31%
8	jm1701	焦煤1701	946.0	9.5	1.01%
9	ni1701	沪镍1701	81040	810	1.01%
10	MA701	甲醇1701	2032	20	0.99%
11	y1701	豆油1701	6322	58	0.93%
12	jd1701	鸡蛋1701	3378	23	0.69%
13	ag1612	白银1612	4345	28	0.65%
14	m1701	豆粕1701	2886	16	0.56%
15	p1701	棕榈1701	5590	24	0.43%
16	a1701	豆一1701	3596	11	0.31%
17	al1611	沪铝1611	11995	30	0.25%
18	OI701	菜油1701	6278	14	0.22%
19	c1701	玉米1701	1428	3	0.21%
20	TA701	PTA 1701	4848	8	0.17%
21	cu1611	沪铜1611	36570	60	0.16%
22	ZC701	动煤1701	527.8	0.6	0.11%
23	au1612	黄金1612	286.95	0.30	0.10%
24	ru1701	橡胶1701	12580	10	0.08%
25	j1701	焦炭1701	1274.0	1.0	0.08%
26	cs1701	玉米淀粉1701	1682	1	0.06%
27	SR701	白糖1701	6242	-10	-0.16%
28	rb1701	螺纹1701	2428	-8	-0.33%
29	zn1611	沪锌1611	18285	-115	-0.63%

图1-1

　　2016年9月6日市场形成了标准的弱态多头环境,从涨跌幅情况来看,29个活跃品种中,26个实现了正涨幅,只有3个品种下跌,但跌幅并不是很大。整体进行对比,明显多方取胜。虽然方多占据着主动,但从整体涨幅来看,涨得又不是太多,涨跌幅一排序,便可以看出,这是非常典型的弱态多头环境了。

　　从这一天的涨幅排序来看,能源化工涨幅居前,故此,应以这一板块的品种操作为主,其次便是菜粕1701合约或是棉花1701合约了。涨幅前5名的品种都可以做为关注对象,而后就看谁先形成操作的形态便可以入场进行操作了。对于涨幅落后,甚至是下跌的品种,切不可操作,不建议在弱态多头环境中对下跌的品种进行做空操作,虽然可能会有盈利的机会,但受环境限制,就算下降形态形成，其下跌的空间也往往小于上涨的空间，何必非要逆着做？

2016年9月2日市场多空状态（图1-2）。

序	代码	名称	最新	涨跌	↓涨幅
1	jm1701	焦煤1701	901.0	24.5	2.80%
2	j1701	焦炭1701	1223.5	32.0	2.69%
3	FG701	玻璃1701	1191	26	2.23%
4	p1701	棕榈1701	5432	88	1.65%
5	ni1701	沪镍1701	79820	1010	1.28%
6	zn1611	沪锌1611	18515	170	0.93%
7	ag1612	白银1612	4209	37	0.89%
8	TA701	PTA1701	4815	42	0.88%
9	CF701	棉花1701	13790	110	0.80%
10	al1611	沪铝1611	12205	95	0.78%
11	i1701	铁矿1701	419.5	2.0	0.48%
12	jd1701	鸡蛋1701	3385	15	0.45%
13	ZC701	动煤1701	516.8	2.2	0.43%
14	MA701	甲醇1701	1962	7	0.36%
15	cu1611	沪铜1611	36670	110	0.30%
16	y1701	豆油1701	6196	16	0.26%
17	OI701	菜油1701	6224	12	0.19%
18	rb1701	螺纹1701	2406	4	0.17%
19	au1612	黄金1612	283.15	0.40	0.14%
20	ru1701	橡胶1701	12390	15	0.12%
21	m1701	豆粕1701	2884	3	0.10%
22	c1701	玉米1701	1455	0	0.00%
23	RM701	菜粕1701	2213	-1	-0.05%
24	l1701	塑料1701	8780	-5	-0.06%
25	SR701	白糖1701	6181	-23	-0.37%
26	bu1612	沥青1612	1868	-8	-0.43%
27	pp1701	PP1701	7170	-54	-0.75%
28	a1701	豆一1701	3626	-31	-0.85%
29	cs1701	玉米淀粉1701	1704	-41	-2.35%

图1-2

2016年9月2日市场形成了弱态多头的环境，涨跌家数来看，当然上涨的品种居多，下跌的品种除了玉米淀粉1701合约以外，其余几个品种跌幅均较小，盘中整体上涨力量大于下跌力量，因此可以称之为是：弱态多头环境。当然，这只是分析的第一步，在具体实盘分析时，还需要再把这些活跃的品种的分时线与均价线的关系，以及布林线指标中轨的方向进行确认，如果大多数品种分时线在均价线上方，并且布林线指标中轨向上，那就可以明确地说，这是弱态多头市场了。

面对这样的弱态多头环境该何操作呢？从涨幅情况来看，当天的龙头品种是：黑色系以及有色金属，这二大板块占据了涨幅的前6名，所以，应当从这6个品种来筛选交易的对象，因为都是涨幅靠前的品种，所以，只需要观察他们的技术形态就可以，谁形成了标准的交易形态，便可以对谁进行操作。

2016年6月17日市场多空状态（图1-3）。

序	代码	名称	最新	涨跌	↓涨幅
1	CF701	棉花1701	13375	555	4.33%
2	ju1701	焦炭1701	12380	450	3.77%
3	jm1701	焦煤1701	674.5	16.0	2.43%
4	j1701	焦炭1701	837.5	18.5	2.26%
5	ZC701	动煤1701	436.6	9.4	2.20%
6	l1701	塑料1701	8150	170	2.13%
7	i1701	铁矿1701	344.5	6.0	1.77%
8	pp1701	PP1701	6628	103	1.58%
9	ni1701	沪镍1701	72580	1060	1.48%
10	RM701	菜粕1701	2502	41	1.46%
11	jd1701	鸡蛋1701	3595	46	1.30%
12	MA701	甲醇1701	1931	21	1.10%
13	SR701	白糖1701	6097	54	0.89%
14	p1701	棕榈1701	5004	42	0.85%
15	m1701	豆粕1701	3218	26	0.81%
16	TA701	PTA1701	4830	38	0.79%
17	c1701	玉米1701	1588	12	0.76%
18	a1701	豆一1701	2820	20	0.71%
19	bu1612	沥青1612	2010	14	0.70%
20	zn1611	沪锌1611	15710	85	0.54%
21	cu1611	沪铜1611	35530	140	0.40%
22	FG701	玻璃1701	1016	4	0.40%
23	y1701	豆油1701	6100	24	0.39%
24	jb1701	粳稻粉1701	2042	8	0.39%
25	cs1701	玉米淀粉1701	2009	6	0.30%
26	al1611	沪铝1611	11800	20	0.17%
27	OI701	菜油1701	6230	-20	-0.32%
28	au1612	黄金1612	278.20	-6.75	-2.41%
29	ag1612	白银1612	3836	-99	-2.52%

图1-3

2016年6月17日市场形成了弱态多头的态势，但其整体上涨的力度要比标准的弱态多头环境强一些，涨幅居中的品种倒正常，涨幅居前的品种幅度达到了强态多头市场的标准。对于这样的环境状态，投资者可以留意市场是不是有由弱态多头向强态多头转变的可能，这种转变是良性转变，并不会对做多行为造成任何影响，反而可以提升做多的成功率以及获利的幅度。

既然多头占据主动，在操作的时候，就应当对涨幅居前的板块优先考虑，从这一天涨幅居前的品种来看，较为分散，各板块均有挤进涨幅前列的品种，面对这种走势便可以只对涨幅居前的5名进行关注，只要形成了标准的技术形态便可以入场操作操作。对于涨幅居中的品种不是不可以做，只不过它们并不是主流品种，形成的上涨形态在幅度上会少于涨幅居前的品种。

2016年7月11日市场多空状态（图1-4）。

1	CF701	棉花1701	15045	695	4.84%
2	ag1612	白银1612	4506	166	3.82%
3	ni1701	沪镍1701	80750	2480	3.17%
4	m1701	豆粕1701	3118	79	2.60%
5	ru1701	橡胶1701	12715	305	2.46%
6	zn1611	沪锌1611	16650	365	2.21%
7	jd1701	鸡蛋1701	3790	80	2.16%
8	p1701	棕榈1701	4924	82	1.69%
9	l1701	塑料1701	8625	140	1.65%
10	y1701	豆油1701	6192	86	1.41%
11	bu1612	沥青1612	2050	26	1.28%
12	FG701	玻璃1701	1095	13	1.20%
13	a1701	豆一1701	3792	43	1.15%
14	cu1611	沪铜1611	37050	420	1.15%
15	jm1701	焦煤1701	778.5	8.5	1.10%
16	pp1701	PP1701	7290	77	1.07%
17	j1701	焦炭1701	988.0	10.0	1.02%
18	OI701	菜油1701	5392	54	1.01%
19	RM701	菜粕1701	2370	21	0.89%
20	SR701	白糖1701	6135	52	0.86%
21	cs1701	玉米淀粉1701	1912	15	0.79%
22	au1612	黄金1612	295.00	2.20	0.75%
23	c1701	玉米1701	1532	9	0.59%
24	MA701	甲醇1701	1998	8	0.40%
25	al1611	沪铝1611	12315	45	0.37%
26	ZC701	动煤1701	469.0	1.4	0.30%
27	TA701	PTA1701	4840	12	0.25%
28	i1701	铁矿1701	395.5	0.0	0.00%
29	rb1701	螺纹1701	2348	-14	-0.59%

图1-4

2016年7月11日这一天形成了弱态多头偏强的环境，整体品种的涨幅要比标准的弱态多头盘面大一些，不过这并不影响操作，因为在标准的弱态多头盘面中，也是想着如何做多的，现在力度略有加大，这并不与交易的策略相矛盾，反而会因为多头力度加大降低了操作的难度。

从这一天涨幅居前的品种来看，并没有形成明显的板块，有单一的龙头品种，但无单一的龙头板块，面对这样的局势便可以各自为战了，谁有形态便操作谁，而不必在意有没有板块的归属。弱态多头盘面一定要做多头，最好不要碰跟风，本身市场环境就不是太强，再去做多头力度弱的品种，收益就无法提高了。

2016年8月1日市场多空状态（图1-5）。

序	代码	名称	最新	涨跌	↓涨幅
1	j1701	焦炭1701	1089.5	52.5	5.06%
2	MA701	甲醇1701	2029	96	4.97%
3	i1701	铁矿1701	437.0	20.0	4.80%
4	FG701	玻璃1701	1120	46	4.28%
5	l1701	塑料1701	9060	310	3.54%
6	ru1701	橡胶1701	12600	400	3.28%
7	rb1701	螺纹1701	2445	74	3.12%
8	jm1701	焦煤1701	815	23.5	2.97%
9	zn1611	沪锌1611	17470	495	2.92%
10	ni1701	沪镍1701	83930	2140	2.62%
11	p1701	棕榈1701	5108	120	2.41%
12	cu1611	沪铜1611	38330	760	2.02%
13	ag1612	白银1612	4530	88	1.98%
14	y1701	豆油1701	6154	118	1.95%
15	TA701	PTA1701	4742	88	1.89%
16	bu1612	沥青1612	1966	36	1.87%
17	pp1701	PP1701	7469	130	1.77%
18	OI701	菜油1701	6252	106	1.72%
19	RM701	菜粕1701	2307	36	1.59%
20	CF701	棉花1701	14765	220	1.51%
21	a1701	豆一1701	3634	39	1.08%
22	SR701	白糖1701	6167	52	0.85%
23	m1701	豆粕1701	2946	23	0.79%
24	au1612	黄金1612	289.95	2.20	0.77%
25	al1611	沪铝1611	12180	90	0.74%
26	c1701	玉米1701	1451	5	0.35%
27	cs1701	玉米淀粉1701	1784	6	0.34%
28	ZC701	动煤1701	483.4	-2.8	-0.58%
29	jd1701	鸡蛋1701	3433	-23	-0.67%

图1-5

2016年8月1日这一天整体的涨幅幅度略大，这样的盘面状况多头力度要比常规的弱态多头盘面要强一些，不过并没有到达强态多头的状态，基本上介于两者之间。不过，不管强态多头还是弱态多头，其交易手法都是要做多的，因此，多头力度略大一些反而更加好操作。

29个品种中只有两个品种下跌，并且跌幅也并不算很大，其余的品种全线上涨，多空环境明确，交易方向明确，目标品种易锁定，这样的行情也可以称之为是送钱环境。操作上只需要放弃低涨幅的品种以及下跌的品种，而后保持耐心等待涨幅前列的品种形成可操作的形态便可实现盈利。

从涨幅情况来看，黑色系是这一天比较明显的龙头板块，第二大板块便是有色金属。在实战操作时，要优先选择板块，一个好汉三个帮，板块整体上涨的力量还是要大于单一品种的，只有在板块混乱的时候才可以操作单一品种，只要板块突出，就要暂时放弃涨幅居前的单一品种。

整体是弱态多头盘面的情况下，可能会出现某个板块进入了强态多头的状态，而多头力度越大的板块其实越应当成为交易的主要目标，弃弱留强这句话不管是股市还是期货都同样适用！

第二节　弱态空头环境及操作策略

弱态空头也是一大常见的盘面状况，它的特点为：空头为主，但空头的力度并不是很大。面对这样的多空环境，在实战交易时一定要降低收益的预期，操作手法上要以逢高做空为主，对于跌幅居前的做一下突破、追空操作以及逢高做空操作都是可以的，但对于跌幅较少的品种则只适合进行逢高做空的操作，本身整体市场空头力量不是很大，再对自身空头力度小的品种做突破或追空操作，就很难取得好的效果了。

弱态空头环境的判断标准为：

(1)大多数品种下跌，允许少数品种上涨，但涨幅不能过大；

(2)整体品种平均跌幅在1%左右，跌幅居前的龙头品种跌幅在2%左右；

(3)大多数品种分时线位于均价线下方，布林线指标中轨方向向下。

其实对于幅度限定并不是死的，它可以是灵活的，只要能体现弱这个字便可以了。分析时的顺序是：首先看涨跌幅排列，了解整体市场的涨幅或涨跌状态，以及涨跌家数数量；其次再看一下是不是大多数品种分时线在均价线下方，以及布林线指标中轨是不是方向向下，而后综合得出多空状态的结论。

一旦形成弱态空头盘面之后，要优先考虑跌幅处于前5名的品种，如果前5名品种中有明显的板块，则以操作这个板块为主，有板块效应的则说明该板块资金交易态度一致，其下跌是稳定可信的，操作价值最高。如果板块并不是很明显，则可以根据前5名品种的具体形态进行操作，总的原则就是服从技术形态，因为技术形态是赚钱的根本所在。

2016年7月29日市场多空状态(图1-6)。

序	代码	名称	最新	涨跌	↑涨幅
1	ru1701	橡胶1701	12200	-490	-3.86%
2	bu1612	沥青1612	1980	-68	-3.31%
3	TA701	PTA1701	4654	-132	-2.76%
4	rb1701	螺纹1701	2874	-63	-2.59%
5	i1701	铁矿1701	417.0	-11.0	-2.57%
6	CF701	棉花1701	14535	-360	-2.42%
7	m1701	豆粕1701	2923	-55	-1.85%
8	RM701	菜粕1701	2274	-33	-1.43%
9	ni1701	沪镍1701	81790	-1160	-1.40%
10	ag1612	白银1612	4442	-57	-1.27%
11	a1701	豆一1701	3595	-40	-1.10%
12	ZC701	动煤1701	486.2	-5.2	-1.06%
13	c1701	玉米1701	1446	-15	-1.03%
14	jd1701	鸡蛋1701	3458	-35	-1.00%
15	cu1611	沪铜1611	37570	-370	-0.98%
16	OI701	菜油1701	6146	-52	-0.84%
17	pp1701	PP1701	7339	-58	-0.78%
18	ru1701	焦煤1701	791.5	-5.5	-0.69%
19	l1701	塑料1701	8750	-55	-0.62%
20	au1612	黄金1612	287.45	1.80	-0.62%
21	cs1701	玉米淀粉1701	1778	-11	-0.61%
22	al1611	沪铝1611	12030	-70	-0.58%
23	MA701	甲醇1701	1933	-10	-0.51%
24	j1701	焦炭1701	1037.0	-5.0	-0.48%
25	y1701	豆油1701	6036	-28	-0.46%
26	FG701	玻璃1701	1074	-4	-0.37%
27	SR701	白糖1701	6105	-19	-0.31%
28	zn1611	沪锌1611	16975	-15	-0.09%
29	p1701	棕榈1701	4988	66	1.34%

图1-6

2016年7月29日市场形成了较为明显的弱态空头盘面，从跌幅状况来看，29个活跃品种只有一个上涨的，其他品种均出现了不同幅度的下跌，很显然，下跌是这一天的主流走势。从下跌的幅度来看，除跌幅前几名的幅度略大些以外，其他品种的跌幅都相对比较小，均保持在1%左右，这说明市场虽然是空头性质的，但力度并不是太大。

在面对力度并不是很大的空头环境时，操作上收益预期要放低一些，预期收益的放低并不代表实际收益就一定会低，如果严格按技术形态来执行操作，往往所实现的现实收益要远高于预期收益，但如果你在弱态空头盘面中上来就定一个比较大的收益幅度的预期，受弱态空头跌幅都不会很大的影响，操作起来完不成任务难免会变得急躁。

弱态空头市场中空方本身就弱一些，所以，在操作时切不可对跌幅落后的品种做空，而是应当对跌幅居前的品种进行做空操作，这些品种是当天的主流品种，资金都围绕着它们进行着积极的做空操作，只有操作跌幅前5名的品种才更容易完成收益的目标。

2016年7月7日市场多空状态（图1-7）。

序	代码	名称	最新	涨跌	↑涨幅
1	p1701	棕榈1701	4856	-176	-3.50%
2					-2.55%
3	m1701	豆粕1701	3112	-76	-2.38%
4					-2.15%
5	jd1701	鸡蛋1701	3783	-71	-1.84%
6					-1.72%
7	OI701	菜油1701	6322	-96	-1.50%
8					-1.33%
9	cu1611	沪铜1611	36950	-490	-1.31%
10					-1.24%
11	SR701	白糖1701	6245	-73	-1.16%
12	ru1701	橡胶1701	12630	-115	-0.90%
13	TA701	PTA 1701	4880	-42	-0.85%
14					-0.75%
15	ni1701	沪镍1701	78740	-580	-0.73%
16					-0.63%
17	c1701	玉米1701	1510	-8	-0.53%
18					-0.45%
19	al1611	沪铝1611	12190	-45	-0.37%
20					-0.36%
21	au1612	黄金1612	295.70	-1.00	-0.34%
22					-0.33%
23	MA701	甲醇1701	2036	-5	-0.24%
24					0.10%
25	FG701	玻璃1701	1115	2	0.18%
26					0.24%
27	rb1701	螺纹1701	2323	8	0.35%
28					0.46%
29	j1701	焦炭1701	979.0	11.5	1.19%

图1-7

2016年7月7日市场形成了标准的弱态空头环境，从跌幅排序来看，29个品种有23个是下跌，只有6家是上涨的，下跌的幅度大于上涨的幅度，从这种涨跌幅状况来看，空方占据着主动，但是，力度并不是很大，因此称其为弱态空头环境。

从涨跌幅排行榜进行分析这只是第一步，接下来就需要把所有的品种都要看一遍，看一下这些品种分时线与均价线上下关系，看一下布林线指标中轨所指引的方向。涨跌排行榜是看表皮，查看每一个品种分时线与均价线关系或是布林线指标中轨的方向，这是查看瓤，可能表皮看是空头环境，但打开一看却是多头环境了，所以，需要两者一致才可以确定是标准的弱态多头环境。

一旦确认了是弱态多头环境后就要知道，价格在这一在下跌的空间并不会太大，所以，收益预期要降低，而操作手法上则不宜进行追空的操作，适合使用逢低做多的手法进行操作，当然，明确的领跌品种对它进行突破的操作或是追涨的操作是可以的，而跌幅少的品种绝对不能这样做。

2016年8月31日市场多空状态（图1-8）。

序	代码	名称	最新	涨跌	↑涨幅
1	j1701	焦炭1701	1175.0	-53.5	-4.35%
2	jm1701	焦煤1701	859.5	-23.5	-2.66%
3	a1701	豆一1701	3676	-81	-2.16%
4	OI701	菜油1701	6218	-136	-2.14%
5	m1701	豆粕1701	2862	-56	-1.92%
6	CF701	棉花1701	13590	-260	-1.88%
7	p1701	棕榈1701	5344	-102	-1.87%
8	ru1701	橡胶1701	12055	-205	-1.67%
9	y1701	豆油1701	6186	-104	-1.65%
10	cs1701	玉米淀粉1701	1739	-26	-1.47%
11	RM701	菜粕1701	2236	-32	-1.41%
12	i1701	铁矿1701	412.5	-5.5	-1.32%
13	rb1701	螺纹1701	2392	-30	-1.24%
14	FG701	玻璃1701	1164	-11	-0.94%
15	c1701	玉米1701	1450	-11	-0.75%
16	jd1701	鸡蛋1701	3348	-24	-0.71%
17	al1611	沪铝1611	12130	-80	-0.66%
18	SR701	白糖1701	6230	-31	-0.50%
19	TA701	PTA 1701	4738	-22	-0.46%
20	au1612	黄金1612	283.40	-1.25	-0.44%
21	bu1612	沥青1612	1852	-6	-0.32%
22	ni1701	沪镍1701	78060	-90	-0.12%
23	ag1612	白银1612	4164	4	0.10%
24	cu1611	沪铜1611	36300	40	0.11%
25	pp1701	PP1701	7274	12	0.17%
26	l1701	塑料1701	8795	40	0.46%
27	MA701	甲醇1701	1934	11	0.57%
28	zn1611	沪锌1611	17955	115	0.64%
29	ZC701	动煤1701	511.4	14.2	2.86%

图1-8

2016年8月31日从涨跌排行榜来看，这一天下跌的品种占大多数，而上涨的品种数量比较少，涨跌家数是第一个最直接反应多空力量的，在实盘操作的时候，每隔一段时间就要经常性的刷新一下排行榜，以此了解当下最新的多空力量状况。

下跌家数超过上涨家数，同时，下跌的幅度也超过了上涨的幅度，这进一步说明空方的力度占据主动，而多头在这一天并不是主流，操作上一定要以做空为主，虽然也有上涨的机会，但操作上服从盘面的多空状态才可以提高成功率。大冬天也有人穿裤衩背心的，但总归与冬日的气氛显得格格不入不是？

从这一天跌幅前列的品种来看，煤炭以及农产品是主流领跌品种，所以，交易的机会应从它们身上来找，对于那些跌幅少的品种而言不宜去操作，绝对不要有：说不定它们会补跌的想法，补不补跌我们不知道，当前的数据它们是空头力度弱的，并不是最适合的交易对象。

2016年7月22日市场多空状态（图1-9）。

1	i1701	铁矿1701	388.0	-17.0	-4.20%
2	RM701	菜粕1701	2284	-89	-3.75%
3	rb1701	螺纹1701	2252	-75	-3.22%
4	j1701	焦炭1701	997.0	-30.5	-2.97%
5	MA701	甲醇1701	1941	-53	-2.66%
6	p1701	棕榈1701	4948	-132	-2.60%
7	bu1612	沥青1612	2052	-54	-2.56%
8	m1701	豆粕1701	2955	-73	-2.41%
9	a1701	豆一1701	3652	-80	-2.14%
10	jd1701	鸡蛋1701	3551	-76	-2.10%
11	CF701	棉花1701	15195	-290	-1.87%
12	y1701	豆油1701	6182	-106	-1.69%
13	al1611	沪铝1611	12035	-205	-1.67%
14	ru1701	橡胶1701	13075	-220	-1.65%
15	FG701	玻璃1701	1082	-17	-1.55%
16	jm1701	焦煤1701	762.0	-11.5	-1.49%
17	OI701	菜油1701	6396	-94	-1.45%
18	ni1701	沪镍1701	82570	-1120	-1.34%
19	ZC701	动煤1701	482.4	-5.8	-1.19%
20	cu1611	沪铜1611	38290	-430	-1.11%
21	cs1701	玉米淀粉1701	1818	-20	-1.09%
22	TA701	PTA1701	4874	-40	-0.81%
23	c1701	玉米1701	1477	-12	-0.81%
24	pp1701	PP1701	7354	-35	-0.47%
25	SR701	白糖1701	6216	-29	-0.46%
26	zn1611	沪锌1611	17370	-75	-0.43%
27	l1701	塑料1701	8720	-25	-0.29%
28	au1612	黄金1612	286.30	1.70	0.60%
29	ag1612	白银1612	4333	60	1.40%

图1-9

2016年7月22日这一天是典型的弱态空头市场，从涨跌排行榜来看，29个品种只有两家是上涨的，涨跌的家数直接说明空方力量远大于多方力量。从具体的跌幅来看，整体的平均跌幅又比标准的弱态空头市场略强一些，但又达不到强态空头的标准而介于两者之间，不管力度是不是增大了，都属于是空头环境，空头环境本身就是要积极做空的，而现在空头的力度还有所增大，这岂不对空单更有帮助？所以，在力度加大的情况下，并不影响整体的交易计划，反而随着下跌力度的加大，会提高空单的成功率以及获利的幅度。

在空头力度有所增大的时候，交易的手段也就可以变得丰富起来了，跌幅居后的继续保持逢高做空的操作手法，跌幅居前的则既可以进行逢高做空的操作，也可以进行突破或是追跌的操作，这是因为跌幅力量大，一旦形成某种空头形态，其波动的幅度也足以给出不错的利润空间，因此，交易的手法便可以多起来。

在这种环境中交易也需要注意一点：跌幅居然的不碰为宜，特别是千万不要有下跌的品种没做到，而去操作个别上涨的品种，这是一种交易的恶习，坚决要抵制！

2016年7月18日市场多空状态（图1-10）。

序	代码	名称	最新	涨跌	↑涨幅
1	j1701	焦炭1701	976.0	-75.0	-7.14%
2	i1701	铁矿1701	390.5	-27.0	-6.47%
3	rb1701	螺纹1701	2291	-157	-6.41%
4	jm1701	焦煤1701	759.5	-31.0	-3.92%
5	bu1612	沥青1612	2062	-80	-3.73%
6	FG701	玻璃1701	1103	-36	-3.15%
7	cs1701	玉米淀粉1701	1846	-55	-2.89%
8	m1701	豆粕1701	3081	-74	-2.35%
9	c1701	玉米1701	1481	-33	-2.18%
10	MA701	甲醇1701	1979	-42	-2.03%
11	ru1701	橡胶1701	12930	-220	-1.67%
12	ag1612	白银1612	4395	-71	-1.59%
13	cu1611	沪铜1611	37890	-600	-1.56%
14	RM701	菜粕1701	2362	-32	-1.34%
15	CF701	棉花1701	15765	-210	-1.31%
16	TA701	PTA1701	4810	-62	-1.27%
17	a1701	豆一1701	3807	-43	-1.12%
18	SR701	白糖1701	6220	-45	-0.72%
19	zn1611	沪锌1611	17000	-120	-0.70%
20	al1611	沪铝1611	12310	-80	-0.65%
21	ZC701	动煤1701	483.2	-1.6	-0.33%
22	ni1701	沪镍1701	82510	-270	-0.33%
23	y1701	豆油1701	6282	-20	-0.32%
24	l1701	塑料1701	8790	-25	-0.28%
25	au1612	黄金1612	288.15	-0.80	-0.28%
26	jd1701	鸡蛋1701	3691	-9	-0.24%
27	OI701	菜油1701	6482	-12	-0.18%
28	pp1701	PP1701	7432	6	0.08%
29	p1701	棕榈1701	5082	30	0.59%

图1-10

2016年7月18日这一天，除了黑色系板块之外，其余三大板块形成了标准的弱态空头环境，无论是从下跌的家数，还是从下跌的幅度来看，都满足了弱态空头的标准条件。而黑色系板块在这一天则进入到了强态空头的状态，这在当下的行情中是非常正常的事情，既然盘面整体趋势，那我为什么不能跌得多一些？在空头市场中跌得多一些，只会提高空单的成功率，是好事一件。

根据擒龙头的原则，这一天的操作其实应当紧紧围绕着黑色系进行，但又存在一个现实的问题，如果盘中的时候价格已经有了这么大的下跌空间了，其实就可以忽略它们了，在价格临近跌停的时候，日内交易的价值已经不大了，虽然它们空头力量很强。在剔除了黑色系以后，可以对跌幅居前的品种进行操作，这些离跌停还远的品种一旦形成标准的空头形态便可以入场操作。

除第一名没有操作空间以外，第二名以及第三名都是可以的，这是可以灵活处理的一个技术点，只要不违背择强而入的原则就可以。假设在这一天你非要对三个油脂做空，那就大错特错了，它们多不能做，因为与环境不符；空也不能做，因为跌幅落后。

第三节 强态多头与强态空头环境及操作策略

强态多头与强态空头环境是较为少见的，从严格意义上的要求来讲，两者加起来一年能见个十回以上的就很不错了，虽然这种多空环境是获利的大好时机，但无奈出现的次数太少了。弱态多头与弱态空头出现时，日K线基本上都是小阳小阴线，或实体并不算很大的K线，这种日K线形态出现的次数最多。而强态多头与强态空头则会在日K线上留下大实体的阳线或是阴线，如果说一个品种收出大实体的阳线或阴线，出现的次数在一年之内会远超过10次，但如果绝大多数的品种在同时一起收出大实体的阴线或是阳线，这就困难许多了，这也是强态多头与强态空头环境较难出现的原因。

整体性的强态多头与强态空头虽然较少出现，但是，局部（也就是某一个板块）的强态多头或强态空头环境当前则较为多见，对于出现这种局面的板块，则可以按照强态多头或是强态空头的手法进行操作了。

强态多头与强态空头环境的判断标准：

(1)最好出现涨停或是跌停的品种，以此显示多方或是空方力量的强大；

(2)所有品种全线上涨，或是全线下跌，局部的强态多头或是强态空头环境则不做此严格要求；

(3)所有品种分时线均在均价线上方，或在之下方，布林线指标中轨方向明显向上或向下；

(4)所有品种平均涨幅或跌幅均在2%以上，局部的强态多头或是强态空头环境则不做此严格要求。

强态多头或是强态空头体现的就是一个"强"字，多头或是空头的力量不再弱了，而是变得非常强大，所谓的种种条件其实也只是为了体现出多方或是空方的强大，在这个基本条件上放宽一些都无所谓。价格涨幅或跌幅大，自然带来的盈利空间也将会是比较大的，这种类型的多空环境对投资者来说是获大利的大好时机。

强态多头与强态空头环境一旦形成，价格上涨或下跌的延续性都是非常好的，并且波动的幅度也比较大，因此，无论是进行突破式的操作、追涨或追空式的操作，还是进行逢高做空或逢低做多的操作都是可以的，任何操作手法在这一天都可以进行，只要交易方向与盘面环境一致，就可以放开手脚大干一场。

2016年6月27日多空状态(图1-11)

序	代码	名称	最新	涨跌	↓涨幅
1	i1701	铁矿1701	376.5	24.0	6.81%
2	rb1701	螺纹1701	2207	128	6.16%
3	j1701	焦炭1701	917.5	52.5	6.07%
4	jm1701	焦煤1701	740.0	35.5	5.04%
5	FG701	玻璃1701	1064	38	3.70%
6	m1701	豆粕1701	3228	113	3.63%
7	ru1701	橡胶1701	12770	430	3.48%
8	MA701	甲醇1701	1972	65	3.41%
9	RM701	菜粕1701	2504	74	3.05%
10	bu1612	沥青1612	2110	58	2.83%
11	pp1701	PP1701	7075	190	2.76%
12	jd1701	鸡蛋1701	3634	94	2.66%
13	a1701	豆一1701	3881	88	2.32%
14	TA701	PTA1701	4906	104	2.17%
15	cu1611	沪铜1611	36660	750	2.09%
16	al1611	沪铝1611	12066	240	2.03%
17	CF701	棉花1701	13700	270	2.01%
18	p1701	棕油1701	5004	94	1.90%
19	y1701	豆油1701	6170	114	1.88%
20	OI701	菜油1701	6288	108	1.72%
21	ni1701	沪镍1701	73010	1190	1.66%
22	l1701	塑料1701	8460	125	1.50%
23	zn1611	沪锌1611	15765	215	1.38%
24	SR701	白糖1701	6073	81	1.35%
25	ZC701	动煤1701	458.4	4.2	0.92%
26	au1612	黄金1612	284.65	2.49	0.85%
27	cs1701	玉米淀粉1701	1971	16	0.82%
28	ag1612	白银1612	3925	24	0.62%
29	c1701	玉米1701	1551	9	0.58%

图1-11

2016年6月27日市场形成了较为标准的强态多头环境，从涨跌排行榜来看，这一天所有活跃的品种全线上涨无一下跌，这是标准的强态多头市场才会有的特点，这也是与弱态多头市场最明显的一个差别，弱态多头市场允许少数品种下跌，而标准的强态多头市场必须全线上涨。

从各品种的涨幅情况来看，平均涨幅也达到了2%的幅度要求，也满足了强态多头环境的要求。其实幅度这个条件用不着僵死地判断，而是要灵活的识别，从全线上涨的情况来看，这肯定是多头市场了，而后只要能体现出强这个字，便可以认定是强态多头市场。

强态多头市场操作虽然要以龙头为主，但多数情况下龙头要么已经涨停了，要么离涨停不远了，日内交易的空间并不大了，所以，可以剔除那些超大涨幅的品种，而去选择居中的涨幅的品种，落后涨幅的品种依然不建议操作。受整体多头氛围的影响，涨幅居中的品种也往往会有非常不错的上涨形态出现，并且获利的幅度也是非常可观的。

2016年4月21日多空状态（图1-12）

序	代码	名称	最新	涨跌	↓涨幅
1	rb1701	螺纹1701	2657	154	6.15%
2	CF701	棉花1701	13085	690	5.57%
3	bu1612	沥青1612	2218	108	5.12%
4	a1701	豆一1701	3823	174	4.77%
5	l1701	塑料1701	8220	360	4.58%
6	jd1701	鸡蛋1701	3809	162	4.44%
7	pp1701	PP1701	6664	274	4.29%
8	i1701	铁矿1701	441.0	18.0	4.26%
9	MA701	甲醇1701	2094	85	4.23%
10	cs1701	玉米淀粉1701	2041	74	3.76%
11	ag1612	白银1612	3898	133	3.53%
12	TA701	PTA1701	5188	176	3.51%
13	c1701	玉米1701	1579	49	3.20%
14	RM701	菜粕1701	2195	64	3.00%
15	jm1701	焦煤1701	801.0	23.0	2.96%
16	ni1701	沪镍1701	74620	1910	2.63%
17	ZC701	动煤1701	431.6	11.0	2.62%
18	cu1611	沪铜1611	38230	850	2.27%
19	OI701	菜油1701	6490	144	2.27%
20	m1701	豆粕1701	2723	60	2.25%
21	al1611	沪铝1611	12290	260	2.16%
22	ru1701	橡胶1701	14695	300	2.10%
23	j1701	焦炭1701	1047.0	17.0	1.65%
24	y1701	豆油1701	6566	106	1.64%
25	FG701	玻璃1701	1062	16	1.53%
26	p1701	棕榈1701	5754	84	1.48%
27	au1612	黄金1612	265.80	3.70	1.41%
28	zn1611	沪锌1611	15335	80	0.52%
29	SR701	白糖1701	5905	25	0.43%

图1-12

2016年4月21日市场再度形成了标准的强态多头环境，这一天所有品种全线上涨，市场平均涨幅超过2%，这是做多的大好时机。强态多头市场虽然做多赚钱容易，但许多投资者也会在这种环境中进行一种极为错误的操作，那就是在错过了多单机会以后，看到价格涨幅已大，于是便会想办法进行摸顶做空的操作，切记，这是强态多头环境中一个大忌，运气好可能会摸到最高的那个点，可一旦摸顶做空失败，亏得钱远比赚得多，只要你的交易行为与市场环境不符，就必然会遭受市场的惩罚。

强态多头环境中，所有的品种均会十分努力地上涨，因此，逢低做多的手法可以使用，突破的操作手法可以使用，追涨的操作手法也可以使用，各种有统一技术理由的交易手段均可以在强我环境中去积极运用。只不过需要注意的就是位居两头的品种不要碰，涨幅少的品种不碰是因为它们不爱涨，做多收益少，涨幅大的品种不做是因为涨幅太大了，日内交易的空间已经不是很大。

这种环境下对于涨幅居中的品种操作才比较适合，当然这种做法一定得是在涨幅居前的品种临近涨停时才可运用，如果涨幅居前的品种离涨停还有2%以上的空间，那就必须要以涨幅前5名的品种为目标。

2016年7月4日多空状态（图1-13）

序	代码	名称	最新	涨跌	↓涨幅
1	ru1701	橡胶1701	13865	690	5.24%
2	ni1701	沪镍1701	80760	3890	5.06%
3	pp1701	PP1701	7599	359	4.96%
4	CF701	棉花1701	15425	690	4.68%
5	bu1612	沥青1612	2264	100	4.62%
6	ag1612	白银1612	4419	189	4.47%
7	MA701	甲醇1701	2151	87	4.22%
8	l1701	塑料1701	8089	345	4.04%
9	i1701	铁矿1701	407.0	15.5	3.96%
10	OI701	菜油1701	6576	248	3.86%
11	rb1701	螺纹1701	2361	76	3.33%
12	j1701	焦炭1701	9135	320	3.26%
13	cu1611	沪铜1611	38400	1130	3.03%
14	TA701	PTA1701	5070	144	2.92%
15	ZC701	动煤1701	479.8	12.6	2.70%
16	y1701	豆油1701	6544	164	2.57%
17	cs1701	玉米淀粉1701	1993	48	2.47%
18	p1701	棕榈1701	5426	126	2.45%
19	c1701	玉米1701	1583	33	2.13%
20	au1612	黄金1612	282.15	5.00	1.74%
21	jm1701	焦煤1701	779.0	13.0	1.70%
22	SR701	白糖1701	6372	101	1.61%
23	FG701	玻璃1701	1142	16	1.42%
24	zn1611	沪锌1611	16700	210	1.27%
25	jd1701	鸡蛋1701	3727	16	0.43%
26	RM701	菜粕1701			0.04%
27	m1701	豆粕1701	3379	-5	-0.15%
28	a1701	豆一1701	3981	-8	-0.20%
29	al1611	沪铝1611	12265	-30	-0.24%

图1-13

　　2016年7月4日这一天的多空环境有些变形，说它是强态多头环境吧，又有下跌的品种出现，说它是弱态多头市场吧，整体品种的涨幅又远超过弱态多头市场。这样的盘面其实也可以称之为是强态多头盘面。说它多这是肯定的，虽然有三个品种下跌，但跌幅太小了，空方的力量极弱，较大的涨幅以及较多的上涨家数说明多头是主流，因此可以定义为多头市场，同时由于各品种平均涨幅已超过2%，因此可以称之为是强态多头市场。

　　不管是价格走势，还是多空环境，极为标准的情况总归不是太多，多多少少都会有些变形，要允许这些变形的出现，只要整体结构没有遭到破坏这就可以了。在这种略有变形的强态多头环境中操作思路依然是不变的，下跌的以及涨幅落后的肯定不能碰，在这么强的多头市场中你都涨不起来，做它们的补涨必然是下下之策。

　　强态多头市场中的操作以形态为准，因为绝大多数品种都会不断的上涨，所以只要涨幅不是十分落后的，一旦有介入点都可以积极地进行操作，强态多头市场难得出现，一旦出现就要放开手脚大干一场。

　　2016年5月13日多空状态（图1-14）。

　　2016年5月13日这一天形成了略有变化的强态空头环境，说它略有变化是因为：有品种上涨，并未形成整体下跌的走势；整体的跌幅略有些小，相比弱态空头显然是比较大的了，但相比标准的强态空头环境的要求又小了那么一点点。

　　多空环境的判断本身就是一种粗犷式的分析，不必十分精细，因为在多空环境判断上最多只能进行两分钟的判断，如果你十分细致地进行分析，得出了准确结论的同时，介入点早就没有了。所以，一扫涨跌幅情况就要知道：多强还是空强，而后得出一个初步的结论，再翻看各品种的具体走势去验证。其实很多时候，多头盘面还是空头盘面的性质远比强弱更重要，只要是多头盘面的，其手法就是固定不变的，空头盘面也是如此，交易的手法都不变，只不过多空的力度越大，交易的手法就可以越激进而已。

　　在空头为主流的环境中，只要做到：别做个别上涨的品种，别做跌幅小的品种，基本上就不会亏钱，介入点那怕不是十分精细，受市场氛围的影响也很容易实现盈利。

序	代码	名称	最新	涨跌	↑涨幅
1	j1701	焦炭1701	842.5	-45.0	-5.07%
2	ru1701	橡胶1701	12505	-615	-4.69%
3	jm1701	焦煤1701	646.5	-27.0	-4.01%
4	OI701	菜油1701	6172	-256	-3.98%
5	y1701	豆油1701	6202	-216	-3.37%
6	i1701	铁矿1701	336.0	-11.0	-3.17%
7	p1701	棕榈1701	5140	-168	-3.17%
8	RM701	菜粕1701	2174	-60	-2.69%
9	ni1701	沪镍1701	69170	-1880	-2.65%
10	MA701	甲醇1701	1936	-48	-2.42%
11	rb1701	螺纹1701	1988	-46	-2.26%
12	cu1611	沪铜1611	35650	-820	-2.25%
13	jd1701	鸡蛋1701	3448	-70	-1.99%
14	CF701	棉花1701	12330	-250	-1.99%
15	bu1612	沥青1612	1982	-40	-1.98%
16	a1701	豆一1701	3615	-65	-1.77%
17	zn1611	沪锌1611	15020	-250	-1.64%
18	ZC701	动煤1701	399.8	-5.2	-1.28%
19	TA701	PTA 1701	4768	-60	-1.24%
20	cs1701	玉米淀粉1701	1944	-24	-1.22%
21	al1611	沪铝1611	11970	-130	-1.07%
22	ag1612	白银1612	3788	-34	-0.89%
23	m1701	豆粕1701	2858	-22	-0.76%
24	l1701	塑料1701	7815	-60	-0.76%
25	FG701	玻璃1701	977	-4	-0.41%
26	c1701	玉米1701	1537	-6	-0.39%
27	pp1701	PP1701	6578	-21	-0.32%
28	SR701	白糖1701	5860	-18	-0.31%
29	au1612	黄金1612	270.10	2.00	0.75%

图1-14

2016年5月23日多空状态（图1-15）。

2016年5月23日又形成了一次带有变化的强态空头环境，有品种上涨，也有一些品种跌幅比较小，如果你养成了擒贼先擒王的交易习惯，其实这一天的盘面真实性质也就判断出来了。

首先这一天的盘面是典型的空头盘面，做多绝对是不行的，跌幅少的品种也绝对不能碰的。跌幅大的品种如果日内交易的空间消失，则可以对跌幅居中的品种进行操作，如果跌幅靠前的品种中有形成板块效应的，则应当以板块交易为主。这样一看便知道该对谁进行操作了，黑色系是当天的空头老大，其实就是油脂了，这两类品种都是好的目标对象。但由于黑色系跌幅过大，所以，油脂就是当天最适合交易的对象了。

序	代码	名称	最新	涨跌	↑涨幅
1	j1701	焦炭1701	837.0	-57.0	-6.38%
2	i1701	铁矿1701	327.0	-21.0	-6.03%
3	rb1701	螺纹1701	1918	-104	-5.14%
4	jm1701	焦煤1701	680.5	-33.5	-4.69%
5	ru1701	橡胶1701	11615	-550	-4.52%
6	bu1612	沥青1612	1904	-90	-4.51%
7	FG701	玻璃1701	960	-32	-3.23%
8	OI701	菜油1701	6048	-186	-2.98%
9	y1701	豆油1701	5904	-180	-2.96%
10	p1701	棕榈1701	4878	-146	-2.91%
11	RM701	菜粕1701	2239	-63	-2.74%
12	pp1701	PP1701	6110	-151	-2.41%
13	CF701	棉花1701	12280	-270	-2.15%
14	MA701	甲醇1701	1867	-40	-2.10%
15	l1701	塑料1701	7460	-150	-1.97%
16	TA701	PTA1701	4670	-86	-1.81%
17	ni1701	沪镍1701	68200	-1250	-1.80%
18	al1611	沪铝1611	12035	-195	-1.59%
19	a1701	豆一1701	3688	-49	-1.31%
20	m1701	豆粕1701	2898	-36	-1.23%
21	cs1701	玉米淀粉1701	1969	-21	-1.06%
22	c1701	玉米1701	1532	-12	-0.78%
23	ag1612	白银1612	3650	-28	-0.76%
24	zn1611	沪锌1611	14940	-100	-0.66%
25	ZC701	动煤1701	418.4	-2.4	-0.57%
26	cu1611	沪铜1611	35240	-190	-0.54%
27	jd1701	鸡蛋1701	3485	-12	-0.34%
28	au1612	黄金1612	265.45	-0.65	-0.24%
29	SR701	白糖1701	5827	77	1.34%

图1-15

　　确定目标之后，由于当天的空头氛围很棒，因此，具有统一交易理由的手法都可以在盘中运用，只需强调技术形态就可以了，市场给什么样的形态就用怎样的手法去解决获利的问题。

　　当然，需要注意的是，强态空头或是强态多头环境并不是上来就形成的（除非开盘便是整体大幅高开或低开），多是价格自然涨上来或下跌去形成的，这也就意味着，强态空头是由弱态空头转变的，强态多头则是由弱态多头转变而成的，虽然存在力度上的增大现象，但其实并不影响实际的交易效果。这是因为在弱态多头环境中肯定以逢低做多的手法为主，而这种手法在强态多头环境中也可以用，所以，并不会说环境力度加大了，交易的手法就得改变，手法无须改变，只不过涨跌力度越大，交易的方式也就越多样化。同时，对于龙头品种，什么样的手法都可以运用，如果一直锁定着龙头进行操作，其实弱态多头还是强态多头，弱态空头还是强态空头都没有什么差别。

第四节　多空分歧环境及操作策略

　　早些年的市场环境中很少会出现分歧环境，这是因为，市场各品种之间保持着要涨一起涨，要跌一起跌的格局，而现今则演变成为了：你涨你的，我跌我的，互不相干，别说不同板块之间各不相干了，就是同板块之间的品种也经常出现涨跌互现的现象，这就使得多空分歧环境在当下十分常见了。笔者预计，几年前的那种同涨同跌的局部可能会越来越少（针对整体品种而言），分化现象将会成为未来的主流环境状况，当然，这种分化多会以板块的形式体现，板块内的分化并不会太多。这主要是由于经济的差异化现象越来越严重，这个行业赚钱，那个行业不景气，这就会造成期货品种波动方向的差异。既然所有的品种不再同涨同跌，那么，十分标准的强态多头、弱态多头、强态空头、弱态空头环境也就较为少见了，碰到的都是带有变形甚至是严重变化的环境状况。

　　多空分歧环境虽然看似涨跌互现比较散乱，其实也是有规律的，只要掌握了四大标准市场的识别方法以及交易策略，在多空分歧环境中各自为战就可以了，你这个板块是多头状态，那我就对你们做多，这个板块是空头状态，那我就对你做空，这样一来，多空分歧环境的操作问题也就解决了。

　　标准的四大市场中，擒上涨或下跌的龙头，捉的是一个方向的王者。而在多空分歧环境中，则是要捉两头，多头龙头品种或板块盯多单机会，空方龙头品种或板块盯空单机会，谁有形态就做谁，这就是其间的操作手法的差别。同时，也要对比两头的力度差，对比之下如果空方下跌力量超过多方，那就应当以做空为主，空头的跌不动了开始反弹时，可以再对多头强的做多操作；多头的涨不动了，则可以寻找跌幅前列品种的空单机会，这个话说起来容易，还需要结合许多的临盘经验才能玩得转这个跷跷板，各位读者朋友盘中自己去感悟吧。

　　多空分歧环境的判断标准：

(1)涨跌对半，即上涨的家数和下跌的家数相差无几；

(2)分时线位于均价线上方和位于均价线下方的品种数量相差无几；

(3)涨跌幅度的力度会有不同程度的差异；

(4)板块之间出现分化，甚至分化严重时板块间的品种也会出现分化。

涨跌幅度力度的差异是多空分歧环境最明显的一大特征，可能多头那一方是弱态多头，而空头这一方是强态空头，多空力度基本对等的时候并不多，多数情况下力度上都会有所差异。多空分歧环境基本上从涨跌幅排行上就可以识别出来了。

当形成多空分歧环境时应当用以下的策略进行交易：

(1)以力量的大小确定操作的方向，如果空方明显力度超过多方，那就要对空方的品种做空，多方品种的操作必须在空方跌不动的时候再考虑，反之也是如此；

(2)涨幅前列与跌幅前列中以找板块操作为准，空头如没有板块，而多头有板块，就要操作多头的品种；

(3)视力度大小决定交易细节，是逢高做空还是逢低做多，或是其他的手法。

多空分歧环境的交易核心就是力量决定交易方向，以及板块为上，只要能严格按这个标准去做，不管盘面如何分化，都可以得到市场给予的奖励了。

2016年9月9日盘面多空状态(图1-16)。

2016年9月9日市场形成了标准的多空分歧环境，从涨跌家数来看基本对等，从涨跌的幅度来看，上涨的幅度也不是很大，下跌的幅度也不是很大，多是弱态空头格局，空是弱态空头格局。由这样的涨跌状态便可以得知操作的手法了：做多，应当以逢低做多为主；做空，应当以逢高做空为主。

那具体应当对什么品种进行操作呢？从上涨的品种来看，三个油脂涨幅居前，显然油脂就是最好的目标板块；从下跌的品种来看，煤炭类品种构成了下跌的板块，它们是做空的最佳对象。

确定了目标对象以后，再来确定一下到底做谁，这就要从涨跌力度入手进行分析了，油脂的涨幅小，而煤炭的跌幅大，显然，应当以空煤炭为主，当煤炭盘中有跌不动迹象的时候，则可以切换到油脂上做多。当然，这是具体的操作思路，实际交易时还是要以形态为主的，煤炭先形成空头形态那就空煤炭，油脂先形成多头形态那就多油脂。

序	代码	名称	最新	涨跌		↓涨幅
1	p1701	棕榈1701	5608	76		1.37%
2	cs1701	玉米淀粉1701	1688	15		0.90%
3	y1701	豆油1701	6342	46		0.73%
4	OI701	菜油1701	6330	44		0.70%
5	zn1611	沪锌1611	18155	110		0.61%
6	al1611	沪铝1611	12050	60		0.50%
7	ni1701	沪镍1701	81320	340		0.42%
8	rb1701	螺纹1701	2343	5		0.21%
9	FG701	玻璃1701	1168	2		0.17%
10	cu1611	沪铜1611	36620	50		0.14%
11	a1701	豆一1701	3632	4		0.11%
12	SR701	白糖1701	6231	4		0.06%
13	ru1701	橡胶1701	12775	0		0.00%
14	i1701	铁矿1701	408.5	0.0		0.00%
15	c1701	玉米1701	1436	-1		-0.07%
16	CF701	棉花1701	14135	-20		-0.14%
17	bu1612	沥青1612	1898	-4		-0.21%
18	TA701	PTA1701	4858	-12		-0.25%
19	l1701	塑料1701	8980	-25		-0.28%
20	RM701	菜粕1701	2262	-11		-0.48%
21	MA701	甲醇1701	2022	-12		-0.59%
22	au1612	黄金1612	288.65	-1.80		-0.62%
23	m1701	豆粕1701	2947	-19		-0.64%
24	jm1701	焦煤1701	902.0	-7.5		-0.82%
25	jd1701	鸡蛋1701	3407	-31		-0.90%
26	pp1701	PP1701	7215	-74		-1.02%
27	ag1612	白银1612	4351	-61		-1.38%
28	j1701	焦炭1701	1185.5	-23.0		-1.90%
29	ZC701	动煤1701	501.2	-13.0		-2.53%

图1-16

2016年9月5日盘面多空状态（图1-17）。

2016年9月5日市场形成了分化的环境，基本上上涨的家数和下跌的家数差不多，实际分析时，多出个二三家也很正常，这一点不必过于严格要求，只要相差的数量不是太悬殊便可以。

从涨跌的幅度来看，显然在这一天的多空分歧环境中多方力度略大一些，因此便可以确定交易的主基调了：要以多单为主，空单为辅，多单涨不动的时候，才可以考虑空单的机会。浓缩居前的板块中黑色系的多方龙头身份较为明显，所以，应当对这一板块中的品种积极寻找交易形态；而下跌的品种中则以农产品板块为准。

序	代码	名称	最新	涨跌	↓涨幅
1	j1701	焦炭1701	1273.0	49.5	4.05%
2	m1701	焦煤1701	936.5	35.5	3.94%
3	ag1612	白银1612	4317	108	2.57%
4	MA701	甲醇1701	2012	50	2.55%
5	p1701	棕榈1701	5566	134	2.47%
6	ZC701	动煤1701	527.2	10.4	2.01%
7	ru1701	橡胶1701	12570	180	1.45%
8	rb1701	螺纹1701	2436	30	1.25%
9	au1612	黄金1612	286.65	3.50	1.24%
10	SR701	白糖1701	6252	71	1.15%
11	y1701	豆油1701	6264	68	1.10%
12	CF701	棉花1701	13890	100	0.73%
13	OI701	菜油1701	6264	40	0.64%
14	bu1612	沥青1612	1880	12	0.64%
15	ni1701	沪镍1701	80230	410	0.51%
16	TA701	PTA1701	4840	24	0.50%
17	i1701	铁矿1701	418.5	-1.0	-0.24%
18	FG701	玻璃1701	1188	-3	-0.25%
19	pp1701	PP1701	7140	-30	-0.42%
20	ru1611	沪铜1611	36510	-160	-0.44%
21	m1701	豆粕1701	2870	-14	-0.49%
22	zn1611	沪锌1611	18400	-115	-0.62%
23	l1701	塑料1701	8655	-75	-0.86%
24	j1701	焦炭1701	3355	-30	-0.89%
25	a1701	豆一1701	3585	-41	-1.13%
26	RM701	菜粕1701	2185	-28	-1.27%
27	cs1701	玉米淀粉1701	1681	-23	-1.35%
28	al1611	沪铝1611	11965	-240	-1.97%
29	c1701	玉米1701	1425	-30	-2.06%

图1-17

从涨跌力度来看，下跌的品种属于弱态空头，应当用逢高做空的手法进行操作。而上涨的品种界于弱态多头与强态多头之间，既可以使用逢低做多的手法进行操作，也可以进行突破或追涨的手法交易。

2016年8月19日盘面多空状态（图1-18）。

2016年8月19日市场出现明显的分化格局，从涨跌幅度来看，这一天无论是上涨还是下跌的力度都不是太大，所以，不管是做多还是做空，都是要采取谨慎的策略进行，做多要使用逢低做多的手法，做空则要采取逢高做空的手法。

面对多空分歧环境，下跌居中以及上涨居中的品种一律可以不看，而宜采取掐两头的策略。从上涨的品种来看，上涨的板块比较散乱，黑色系整体偏强，但是涨跌的幅度落差较大，板块的判断略困难一些。而跌幅前列的品种中，菜粕、豆粕以及大豆这三个品种板块较好，因此适宜做为操作的对象。

序	代码	名称	最新	涨跌	↓涨幅
1	i1701	铁矿1701	444.5	7.5	1.72%
2	SR701	白糖1701	6238	89	1.45%
3	OI701	菜油1701	6538	72	1.11%
4	ru1701	橡胶1701	13085	110	0.85%
5	l1701	塑料1701	9025	75	0.84%
6	pp1701	PP1701	7567	57	0.76%
7	rb1701	螺纹1701	2567	18	0.71%
8	FG701	玻璃1701	1214	6	0.50%
9	jm1701	焦煤1701	848.5	3.5	0.41%
10	j1701	焦炭1701	1236.0	3.0	0.24%
11	ni1701	沪镍1701	81540	100	0.12%
12	TA701	PTA1701	4894	4	0.08%
13	au1612	黄金1612	289.30	0.00	0.00%
14	cu1611	沪铜1611	37430	-10	-0.03%
15	y1701	豆油1701	6416	-2	-0.03%
16	p1701	棕榈1701	5570	-2	-0.04%
17	ZC701	动煤1701	492.0	-0.6	-0.12%
18	zn1611	沪锌1611	17590	-50	-0.28%
19	ag1612	白银1612	4367	-15	-0.34%
20	MA701	甲醇1701	2027	-7	-0.34%
21	al1611	沪铝1611	12560	-60	-0.48%
22	c1701	玉米1701	1467	-8	-0.54%
23	m1701	豆粕1701	2986	-25	-0.83%
24	jd1701	鸡蛋1701	3473	-34	-0.97%
25	CF701	棉花1701	14645	-175	-1.18%
26	a1701	豆一1701	3826	-49	-1.26%
27	bu1612	沥青1612	1964	-32	-1.60%
28	cs1701	玉米淀粉1701	1822	-31	-1.67%
29	RM701	菜粕1701	2309	-50	-2.12%

图1-18

　　由于下跌有板块，而上涨板块不突出，所以，针对这样的涨跌排行状况，就应当以做空为主了，同时，菜粕、豆粕以及大豆它们的跌幅也相对不错，保持耐心等待它们形成空头形态的介入点便可以了。

　　2016年8月10日盘面多空状态（图1-19）。

　　2016年8月10日的多空分歧环境中，空方的下跌家数虽然略少，但并不影响多空分歧环境的特点，基本满足涨跌各半的要求，多空分歧环境的要点就是：有涨的有跌的，可能多方力度略强，所以涨的家数略多些，仅此而已。多空分歧环境与弱态空头弱态多头的差别就在于：弱态空头弱态多头是极少数品种上涨或下跌，而多空分歧环境则是基本对等。

　　从这一天跌幅前列的品种来看，能源化工较为明显，油脂形成板块但跌幅不大，应当不予以考虑。从上涨前列的品种看，农产品板块与有色金属板块明显，不过有色板块中铜、镍、铝涨幅落后也不应考虑。银与金虽也属于有色金属，但这两个品种金融属性太强，不能划归到有金板块中，所以，涨幅居前的品种应当以农产品的交易为主。

序	代码	名称	最新	涨跌	↓涨幅
1	ag1612	白银1612	4462	120	2.76%
2	zn1611	沪锌1611	17815	445	2.56%
3	RM701	菜粕1701	2442	58	2.43%
4	cs1701	玉米淀粉1701	1820	29	1.62%
5	m1701	豆粕1701	3024	48	1.61%
6	a1701	豆一1701	3731	55	1.50%
7	au1612	黄金1612	290.90	4.10	1.43%
8	ZC701	动煤1701	513.8	6.6	1.30%
9	al1611	沪铝1611	12355	145	1.19%
10	c1701	玉米1701	1453	10	0.69%
11	jm1701	焦煤1701	850.0	5.5	0.65%
12	cu1611	沪铜1611	37530	240	0.64%
13	ni1701	沪镍1701	84190	400	0.48%
14	jd1701	鸡蛋1701	3487	16	0.46%
15	CF701	棉花1701	14745	55	0.37%
16	ru1701	橡胶1701	12560	45	0.36%
17	j1701	焦炭1701	1176.5	1.5	0.13%
18	rb1701	螺纹1701	2507	-3	-0.12%
19	TA701	PTA1701	4830	-12	-0.25%
20	bu1612	沥青1612	1995	-6	-0.30%
21	p1701	棕榈1701	5294	-20	-0.38%
22	OI701	菜油1701	6290	-28	-0.44%
23	y1701	豆油1701	6226	-28	-0.45%
24	SR701	白糖1701	6116	-36	-0.59%
25	MA701	甲醇1701	2023	-23	-1.12%
26	l1701	塑料1701	8905	-145	-1.60%
27	i1701	铁矿1701	442.0	-8.0	-1.78%
28	FG701	玻璃1701	1165	-24	-2.02%
29	pp1701	PP1701	7366	-198	-2.62%

图1-19

多空分歧环境就是这样，涨的一头龙头掐住，空的一方龙头掐住，居中的一律放弃，而后要做的就是静待可交易的形态出现就行。

2016年8月2日盘面多空状态(图1-20)。

2016年8月2日这一天的多空分歧环境中，多方显然占了上锋，上涨的家数多于下跌的家数，但这样的数据在实际交易时意义并不是太大，因为多出来的那些上涨的品种其涨幅实在太小了，而对比涨幅居前与跌幅居前的品种便可看以，龙头之间的对决是不相上下的。

在上涨的品种中黑色系相对突出，而其他几个涨幅居前的品种则差异比较大不适合操作，比如沪镍1701合约虽上涨了，但与之关系密集的沪铜则在下跌，所以，沪镍不适合做多，沪铜也不适合做空；玉米淀粉涨幅大，而玉米涨幅太少，两者的涨幅差异过于明显，所以也不适合交易，如果涨幅接近那这两个品种就可以成为多单的对象了。

序	代码	名称	最新	涨跌	↓涨幅
1	j1701	焦炭1701	1122.5	33.0	3.03%
2	ni1701	沪镍1701	85180	1250	1.49%
3	cs1701	玉米淀粉1701	1810	26	1.46%
4	FG701	玻璃1701	1136	16	1.43%
5	ZC701	动煤1701	488.0	4.6	0.95%
6	jm1701	焦煤1701	820.0	5.5	0.67%
7	ru1701	橡胶1701	12675	75	0.60%
8	au1612	黄金1612	291.16	1.50	0.52%
9	i1701	铁矿1701	439.0	2.0	0.46%
10	rb1701	螺纹1701	2456	11	0.45%
11	MA701	甲醇1701	2035	6	0.30%
12	jd1701	鸡蛋1701	3442	9	0.26%
13	c1701	玉米1701	1454	3	0.21%
14	p1701	棕榈1701	5116	8	0.16%
15	OI701	菜油1701	6258	6	0.10%
16	ag1612	白银1612	4633	1	0.02%
17	pp1701	PP1701	7470	1	0.01%
18	zn1611	沪锌1611	17470	0	0.00%
19	bu1612	沥青1612	1966	0	0.00%
20	TA701	PTA1701	4740	-2	-0.04%
21	al1611	沪铝1611	12135	-45	-0.37%
22	SR701	白糖1701	6134	-23	-0.37%
23	CF701	棉花1701	14700	-65	-0.44%
24	y1701	豆油1701	6124	-30	-0.49%
25	a1701	豆一1701	3612	-22	-0.61%
26	a016	沪粕1611	38070	-260	-0.68%
27	m1701	豆粕1701	2902	-44	-1.49%
28	l1701	塑料1701	8885	-175	-1.93%
29	RM701	菜粕1701	2256	-51	-2.21%

图1-20

查看下跌的品种便可以发现主线路十分突出：两粕以及豆一均居于跌幅前列，因此，菜粕便成为了最佳的空头对象。因为上涨与下跌均构成了板块，所以，谁有形态就可以对谁进行操作了。

在这里给各位读者朋友一个提示，大家仔细的思考一下：股市当天的涨跌状况会不会对分化市场的交易方向有指引的作用呢？如果有，又该如何指引呢？多空环境的判断对于投资者设定当天的收益预期，以及了解操作的方向、操作的目标是非常有帮助的。至此以后，你必须要在下单之前问自己一句话：我的操作方向与盘面的多空环境相符吗？希望各位读者朋友可将答案，或者您对本章内容有什么不理解之处，可按本书前言中的联系方式与我们联系，界时会有更多的操作技巧视频提供给您，相信这些视频课程会进一步提高您的实战水平。

※ 第二章　目标品种识别 ※

　　寻找目标品种的目的是什么？绝对不是找出未来涨幅或是跌幅最大的品种，这是一个绝对错误的想法！寻找目标品种的目的是：找出当前最适合做多，或是最适合做空的品种。未来价格涨多少跌多少谁知道？只有走出来才可以知晓。一定要是挑出最适合当前交易的对象，而在此技术运用的情况下，挑出来的目标其涨跌幅度也肯定会交易者满意的，毕竟挑目标品种的一大核心就是择强而入，具有强势特征的品种正常情况下肯定要比弱势的品种涨跌幅度会大一些。

　　在正确的环境中挑选出适合的交易对象，这样一来，获利的难度就会降低了不少。但若在正确的环境中挑选出了错误的交易对象，轻则所获得的收益会降低很多，重则甚至还会在正确的环境中出现亏损。所以，目标品种在确定好多空环境之后，便是第二件极为重要的事情了。

第一节 目标品种的挑选原则

在挑选目标品种时，需要先了解一下几项基本的挑选原则，这几项原则为：

(1)固定锁定交易对象；

(2)捉龙头；

(3)掐两头；

(4)技术性挑选。

固定锁定交易对象这是笔者推荐的，并且笔者当前也是这样进行操作的，每天就固定看那些熟悉的品种，有形态就做，没形态就等。成为了龙头就多赚些，如果不是龙头收益目标就降低一些。用这种方式锁定目标品种最大的好处就是比较节省精力，操盘的时候不累。如果按照技术性挑选目标品种，我的要求是每10分钟必须重新锁定一下新的目标对象，这样进行交易就没有闲的时候，大脑始终处于高速运作的状态下，一天做下来会感到疲惫，对于二十多岁的年轻人可能无所谓，但对于年纪越大的朋友这种做法就越显得吃力了，钱是赚不完的，何必把自己搞得那么辛苦。

固定锁定交易对象也是一个技术活，而不是说随便挑几个一直盯着看就行，所挑的目标一定要跨板块，除非进行套利交易，否则一个板块之中挑一个品种就可以了，比如你同时关注豆油与棕榈这就没意义了，两个都是油脂，趋势方向基本一致，盯一个就可以了。除了要跨板块以后，还要求所盯的品种常规状态下一定有经常性活跃的表现，比如有金属里的沪镍，它无论上涨还是下跌在该板块都是非常活跃的，再比如橡胶，它在能源化工中也是较为活跃的，就要挑这种类型的品种进行关注，如果挑一个冷门的，多数情况下很难成为龙头的品种来盯着意义也就不大了，一定要从活跃度的角度出发来挑选品种。如果您的资金规模较大，那像沪镍、橡胶就不要盯着了，因为它们成交量相对少一些，无法满足大资金的日内投机操作要求，此时就要盯着类似螺纹、铁矿等这些委托买卖单经常上千手的品种来做了。如果资金量较小，则没有流动性的问题，只盯活跃品种便可以。

锁定好了几个品种以后，就请一直盯住它们，千万别今天盯这几个，明天盯那几个，这样的话还不如每十分钟去挑选一个新对象呢。一定要死盯住不放，除非它们的成交量已经无法满足资金量的顺利进出才可以换品种。每一个品种都有波动较为活跃的时候，也有波中动呆滞的时候，绝对不能因为它们这几天呆滞了就放弃关注了。在四大板块各挑一个品种，就算这个呆滞了，其他几个肯定会有相对活跃的，所有的板块中在某一天都极为呆滞，这种现象并不多见。

捉龙头其实也是技术性挑选目标品种的一种方法，它使用的频率也是比较多的，在第二章多空环境内容中，关于捉龙头的方法已有所介绍，它的用法非常简单：在盘面环境比较统一的情况下运用，找出多头市场中涨幅较大的前几名品种，或是找出空头环境中跌幅最大的前几名品种进行关注。多数情况下，这些多方的龙头品种或是空方的龙头品种的地位都是很稳固的，一旦成为龙头，这一整天的地位基本保持不变，而涨跌幅落后的品种虽也有逆袭的可能，但这种情况出现的次数真的是太少了。

在捉龙头的时候，并不见得非要对全局涨跌幅第一的品种进行操作，全局前5名的都值得关注，或是可能全局涨跌幅并不是前几名，但板块内它的涨跌幅可能是最大的，那这个品种也值得进行关注，只要从涨跌幅上可以体现出强，就可以选它当做目标对象，不管是全局性的强，还是板块中的强。

掐两头与捉龙头的意思相近，只不过捉龙头要在环境统一的情况下运用，因此，涨幅少的，或是出现下跌的，都不适合在多头环境中操作；而掐两头则在多空分歧环境中运用，由于有涨的也有跌的，所以，就要对涨的龙头盯多单，跌的龙头盯空单，挑目标的思路与手法都是完全一样的，不同的就是环境有所区别而已。

当下行情中由于多空分歧环境经常遇到，所以，掐两头挑选目标品种的技巧各位读者朋友一定要熟练地掌握，特别是在多方涨不动的情况下对空单的品种进行交易，空单跌不动的情况下，对多单的品种进行交易，这种手法更是要熟练的掌握，这样一来，不管是涨还是跌的机会就全部可以把握住了。

技术性挑选的方式就有很多了，既有全局挑选的方式，也有板块内相关品种挑选的方式，这也是投资者必须要掌握的方法，也是后面三节内容中具体讲解的内容。捉龙头与掐两头都属于技术性挑选目标对象的方法。这种做法可以确保挑选出的品种均是盘中某一时刻最适合交易的对象，在实盘期间用这种方法挑选目标品种时，必须要经常性的挑选，我的要求是最多十分钟挑选一次。

用这种方法虽然可以挑选出最适合的目标品种，但也有一个问题，那就是很多时候你挑出了合适的交易对象时，结果交易的点位刚刚错过了。固定锁定交易对象虽然并不见得关注的品种肯定是最适合交易的，但一直盯着它们，当介入点出现时是肯定不会错误的。而一直在来回挑选目标对象时，由于精力分散了，所以碰到错过介入点的事情就十分常见了。由此可见，任何一种方法都不可能说是十全十美的，总会留有一些遗憾在里边，而实战交易的独特魅力也正是遗憾的不断存在，所以才使得操作这样的有意思。

第二节　位置挑选目标方式

价格所处的位置代表了多空力量的差异，通过位置来挑选目标品种，这是查看板块间谁最适合进行操作最有效的方法之一。要对位置进行识别，需要有一个统一的参考，这个参考可以是任何一个趋势类指标，本节就以均价线为例为大家讲解一下如何在同板块或相关品种间挑选目标对象的方法。

使用均价线对比的方式挑选目标品种的方法为：查看两个品种分时线与均价线上下位置关系，如果一个品种在均价线上方，另一个品种在均价线下方，那么，当出现上涨走势时，就要对分时线在均价线上方的品种做多，而如果出现下跌的走势，则要对分时线在均价线下方的品种进行做空的操作。

如果两个品种都处于均价线上方或下方，则通过查看分时线与均价线位置的远近来确定多空力度的变化，从而找出最适合交易的对象。如果通过位置难以对比出该挑选谁来操作，则可以再用第三节或第四节的方法进行挑选，总会有方法挑得出来的。

豆粕1701合约2016年9月13日走势图（图2-1）。

豆粕1701合约2016年9月12日夜盘期间，价格开盘下探之后便重新创出了新高，并站在了均价线的上方，一直到9月13日白盘开盘才跌回至了均价线下方并整体一路回落。

由于豆粕与菜粕的走势关联度很高，因此，在进行操作的时候，不能说见到豆粕的走势形态不错就直接操作豆粕，一定要将豆粕与菜粕进行一下对比之后才可以最终确定应当操作谁，平时喜欢操作两粕的朋友一定要注意这一点。

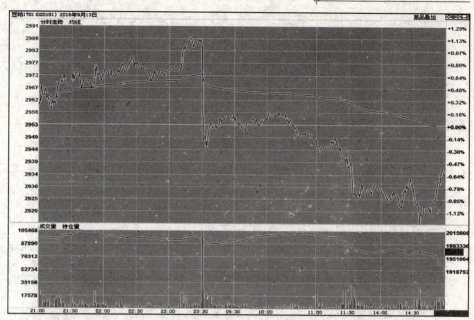

图2-1

菜粕1701合约2016年9月13日走势图（图2-2）。

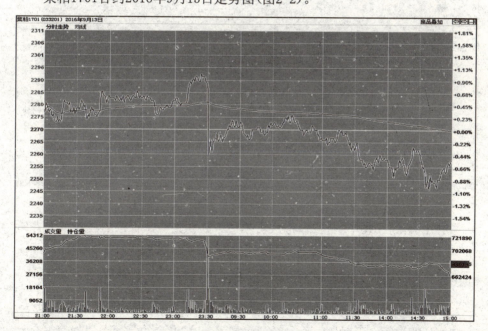

图2-2

菜粕1701合约2016年9月12日夜盘期间的表现非常一般，与豆粕1701合约相比较，除夜开盘的下探两者保持一致以外，接下来的时间里，菜粕的表现一直弱于豆粕。

最明显的一点就是豆粕1701合约的分时线每一次调整的低点均位于均价线的上方，而菜粕1701合约的调整的低点则多次跌破了均价线，从两者上下位置的关系来看，显然，在夜盘期间应当对豆粕1701合约更积极的盯多单。

同时还需要做好另一手准备：一旦夜盘期间价格下跌，由于菜粕1701合约多头力度并不是太强，所以两者间在下跌出现的情况下，最适合做空的当属菜粕了。

L1701合约2016年9月12日走势图（图2-3）。

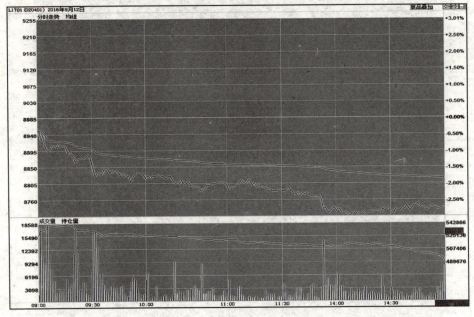

图2-3

L1701合约2016年9月12日形成了单边下跌的走势，价格的波动方向非常单一，这样的技术形态使得做空的操作难度大大的降低，只要没有逆势的多单出现，这样的技术形态都会给投资者带来丰厚的日内投机回报。

L是聚乙烯，PP是聚丙烯，两者高度相关，当看到L走势形态较好的时候，一定要与PP进行一下对比，看一看到底是不是L1701合约是两者间最值得交易的对象。

PP1701合约2016年9月12日走势图(图2-4)。

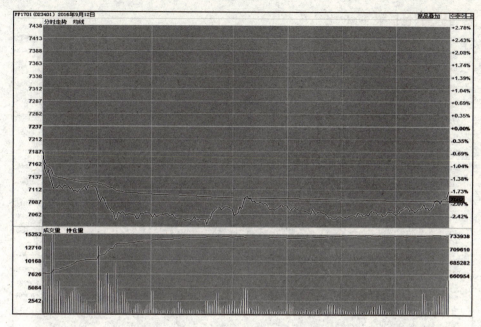

图2-4

PP1701合约2016年9月12日除了早开盘那五六分钟的时间下跌强于L1701合约以外,其余的时间PP下跌的力度都远小于L,只要对其整体下跌形态进行对比便可以识别出两者空方力度的差异。

到了上午11:07左右,L1701合约与PP1701合约出现了非常明显的差异:PP1701合约价格反弹时,分时线向上顶破了均价线,而L1701合约的分时线则依然位于均价线下方,这样的走势说明L1701合约更适合进行做空的操作。

由于L1701合约与PP1701合约当天的趋势方向非常明显,对PP1701合约做多是不对的,所以,就应当盯死L1701合约的空单,目标品种确定之后,要做的就只有一件事了:耐心等待做空的交易形态出现。

豆油1701合约2016年9月5日走势图(图2-5)。

豆油1701合约2016年9月4日夜盘初期,价格一直保持着窄幅震荡的走势,这一段时间来看,由于波动方向缺失,显示并不是最理想的交易形态。

夜盘的波动特点为:早一小时窄幅波动,价格曾创下过开盘的新低;晚22:30分之后,分时线位于了均价线上方,至此,明确的波动方向与交易机会

都开始出现。但豆油1701合约是不是夜盘最适合操作的对象呢？请记着一定
要与棕榈（包括菜油）对比一下。

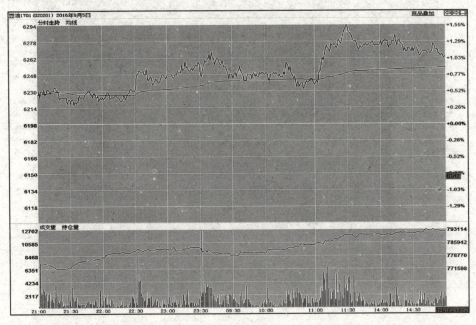

图2-5

棕榈1701合约2016年9月5日走势图（图2-6）。

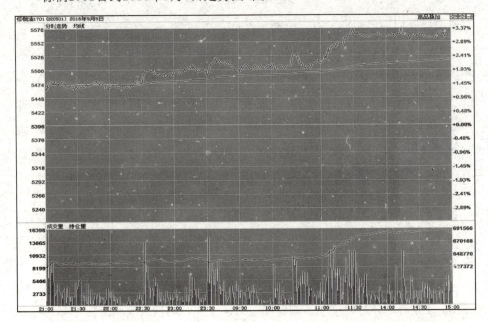

图2-6

棕榈1701合约2016年9月4日夜盘前一小时同样形成了窄幅波动的走势，与豆油1701合约不同的是价格并未创出早开盘时的新低，这个细节上的差异第一次反应出了棕榈强于豆油的信号。

随后在22:30的时候，棕榈1701合约的分时线也爬在了均价线的上方，两者的分时线都在均价线上方时，其实从分时线的波动形态上也可以看出棕榈其实一直是强于豆油的。而最明显的地方便是9月5日上午11点时的走势，这一时间段豆油已经跌破了均价线了，而棕榈依然还在均价线上方，多处的证据都表明棕榈才是多方力量最强的品种。

由于多方力量存在明显的差异，所以，棕榈到了尾盘以涨停报收，虽然豆油也有了上涨，但豆油的涨幅是远落后于棕榈的，多头力量的不同，波动的幅度必然会存在差异。当然，在交易的那一刻，我们不要抱着棕榈肯定涨幅大的心态去操作，而是要抱着棕榈最适合做多的态度去下单。

黄金1612合约2016年8月4日走势图（图2-7）。

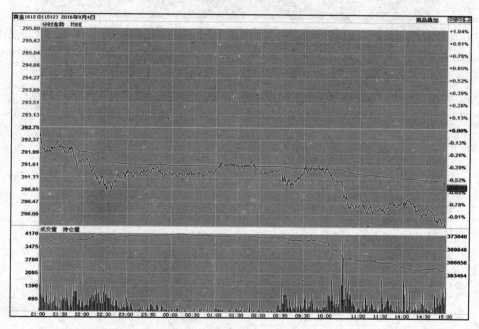

图2-7

黄金1612合约2016年8月3日夜盘开始形成了持续性的震荡下跌的走势，这样的走势其实操作难度并不是很大，只要坚定逢高做空的原则，这一天的下跌肯定可以获得不错的收益。

由于黄金和白银是一对亲兄弟，当黄金形成某种技术形态时，千万不要忘了同步看一下白银的表现，如果下跌力度黄金强那就坚定的做黄金，否则就要做白银，不经过对比是无法区分出两者之间力度差异的。

白银1612合约2016年8月4日走势图（图2-8）。

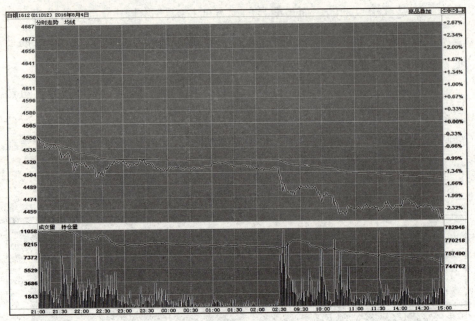

图2-8

白银1612合约2016年8月3日夜盘期间，其走势一直显示出比黄金1612合约空方力量更强大的特征。约21:30分反弹的时候，黄金反弹的高点向上突破了均价线，而白银的分时线则位于均价线的下方，自这一时刻便可以把夜盘操作的对象锁定在白银身上。

到了晚间1点左右，黄金的反弹再度向上突破了均价线，而白银此时依然保于均价线的下方，再一次验证了白银空头力量更加强大的特征。8月4日开盘后白银向下创当天盘中的新低，而黄金却并未创出新低，随后的反弹过程中，黄金回到了均价线的位置，而白银则远离均价线，白银此时所处的位置继续显示着其空方力量较大的特点。

实战操作时，只要有一次的波动可以显示出某一方的力度大就可以直接锁定目标对象了，而多次的验证则可以使得这种对比结合的稳定性更高。

沪镍1701合约2016年8月25日走势图（图2-9）。

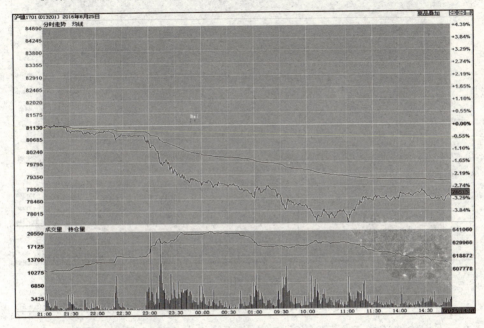

图2-9

沪镍1701合约2016年8月24日夜盘至25日白盘，绝大多数时间保持着单一的下降趋势，这样的技术形态简直就是白送钱的行情。虽然说沪镍本身就是有色金属板块中的王者，但在实战操作时，还是有必要将其与其他品种进行一下对比的。

常规对比中，要将沪镍与沪铜对比，在沪镍这个品种未上市之前，沪铜是有色金属板块的老大哥，而沪镍上市之后取代了沪铜的地位。由于沪镍的主动合约是1月、5月、9月，沪铜则是每个月一轮换主力合约，所以沪镍与沪铜各选取主力合约对比就可以。

沪铜1611合约2016年8月25日走势图（图2-10）。

沪铜1611合约2016年8月24日夜盘也保持着单一的下跌形态，但如果与沪镍的走势进行对比便可以看到，还是沪镍下跌时的技术形态更加流畅。

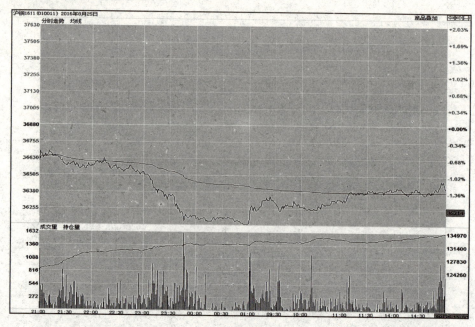

图2-10

晚间22:10左右两个品种双双反弹，但是，沪铜1611合约的价格向上突破了一下均价线，而沪镍1701合约的价格却始终在均价线下方，两者上下的位置关系直接反应出沪镍空方力量更强。而到了凌晨一点的时候，沪铜的再次反弹使用分时线高点距离均价线较近，而沪镍则离均价线较远，进一步验证了镍弱铜强的本质。

由于沪镍与沪铜到了8月25日白盘的时候不再继续下跌，而是出现了反弹，所以，这两个品种的操作价值全部丧失，虽然应当继续盯沪镍的空单，但技术形态也没有了空单的交易机会，故此，白天的时候就应当再去寻找其他品种的交易机会了。

利用两个或多个品种分时线上下之间的关系确定交易对象，不仅对日内投机有很大的帮助，就是笔者创立的"一阳锁套利"模式也经常运用这种方法来锁定获利的机会。希望投资者养成一种正确的学习习惯：举一反三，我们把均价线换成20周期的移动均线，是不是也可以在分钟K线图中选定目标品种？或是把这个思路再拓展放到股票市场中去，是不是就可以选到强势的股票？

第三节　时间挑选目标方式

如果同板块中的品种都在均价线上方或都在均价线下方，并且波动形态又十分接近，这个时候，挑选起目标对象来就有一些难度了，此时，便需要再结合其他的方法进行挑选。另一种常使用的方法就是查看一下目标对象谁率先创出新高或是创出新低。

率先创出新高，说明多方力量更加强大，它起到了领涨的作用，而领涨是龙头品种才会具有的特征，因此，对于率先创新高的品种而言，是多单最值得交易的品种。同时，如果价格率先创出盘中的新低，则代表空方力量更加强大，这个品种起到了领跌的作用，因此，它才是做空最佳的目标对象。

在具体分析时，价格可以先突破临近的高点（低点），也可以是突破当天盘中最高的高点(低点)。而将这种思路进行拓展，与上一节的内容进行结合，也可以变为：看谁率先突破均价线，只有把一个方法能学成三个的投资者才有可能获得真正的成功，举一反三是实战的必修课。

豆粕1701合约2016年7月14日走势图(图2-11)。

豆粕1701合约2016年7月14日夜盘带日盘形成了无明确延续方向的波动形态，这种波动使得操作的难度大大的增加，介入点确定难度增加的同时，获利的幅度也并不怎么大。价格的波动形态多种变化，但万变不离其宗，核心形态就那么几种，所谓的变化也只不过是周期的拉升，或是细节的枝权多了一些而已，掌握核心形态是应对这些复杂波动的根本。

两粕分析不离家，在看豆粕走势的同时，必须要对菜粕的走势进行同步观察，就是双胞胎也有不一样的地方，通过两者波动差异的变化，我们便可以轻松地确定出谁更适合于做多或是做空。

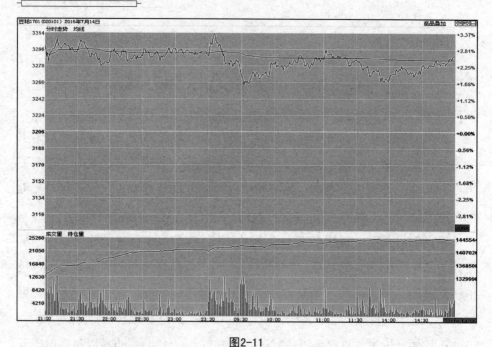

图2-11

菜粕1701合约2016年7月14日走势图（图2-12）。

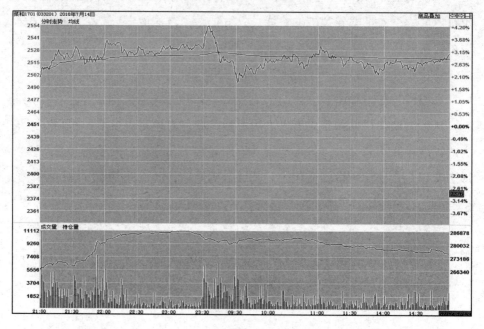

图2-12

菜粕1701合约2016年7月13日夜盘期间，其波动形态相比豆粕1701合约要强许多，前一小时的波动过程中，豆粕只创出过一次新高，而菜粕则创出了两次新高，价格高点的位置越高，说明多方的力量越强。随后的调整过程中，豆粕创出了新低，而菜粕却回落到均价线处时便企稳了，由此便可以明确的得出这样的结论：如果价格后期上涨，则应当对菜粕1701合约做多，而如果价格下跌，则应当对豆粕1701合约进行做空，目标定下以后，而耐心等待形态的介入点出现便可以。

7月14日日盘开盘时，豆粕的下跌低点再度向下创出新低，而菜粕的下跌低点则还在当天新低的上方，低点位置低说明多方力量弱态空头方力量强，显然这不是做多的好目标。从日盘开盘时的情况来看，依然延续了晚上的多空状态。

在实战操作时一定要记住：确定好了目标并不代表就可以入场操作了，有的时候价格的波动同时给出了确定目标的形态以及介入的形态，有的时候，则并未提供介入形态，所以，确定目标以后，必须要等介入形态出现才可入场，介入形态的出现才是操作的理由。

PP1701合约2016年8月1日走势图（图2-13）。

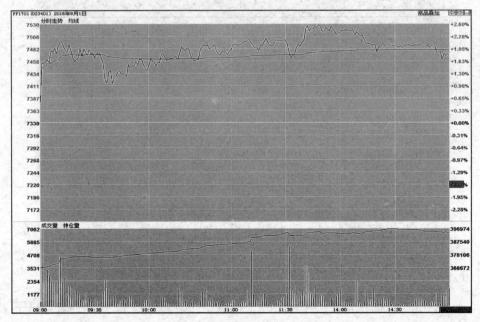

图2-13

PP1701合约2016年8月1日出现了一轮整体震荡但略微偏多的走势，由于价格的主线方向并不十分突出，所以，在这种震荡形态之中想实现较高的收益是比较困难的事情，当天预期收益的设定一定要紧密结合价格的波动形态，价格形态单一则盈利的空间会大一些，价格波动复杂，就必须要降低收益的预期，绝对不能只凭自己主观判断就得出一个数值作为自己的目标。

PP与L也是一对孪生兄弟，对PP的走势进行分析时，L的走势也必须要放在一起进行分析，其实不仅是PP与L，所有具有相关性的品种在进行分析的时候，一定都要同时关注，只有经过一番对比，才可以知道谁才最适合进行交易，而最适合交易的品种正常情况下它们的波动幅度也是会宽一些的。

L1701合约2016年8月1日走势图（图2-14）。

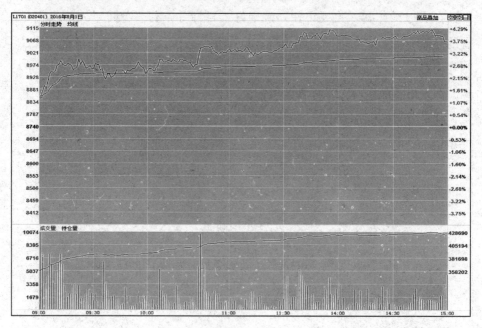

图2-14

L1701合约2016年8月1日的走势相比PP1701合约就漂亮一些了，整体的波动方向比较单一，在方向明确的情况下，价格的波动幅度也远超过了PP，如果死盯着PP而不看一下L的表现，收益率肯定就提升不了了。

对比L与PP的整体走势可以看到，在调整回落的过程中，L始终表现出不太爱下跌的形态，而PP的回落则相对利索一些，两个品种低点所处的位置暴露出了其多与空的差异。调整结束价格上涨的过程中，PP震荡上行了许久都没有向上创出新高，而L则轻轻松松向上创出了多次新高的走势，从率先向上突破新高的走势来看，L强大的多头力量一次次得到了验证，不做L1701合约的多单还等什么？

交易的机会是等出来的，同时也是对比出来的，在下单之前最好问一下自己，你选的这个品种有没有经过对比这个环节。

L1701合约2016年8月24日走势图（图2-15）。

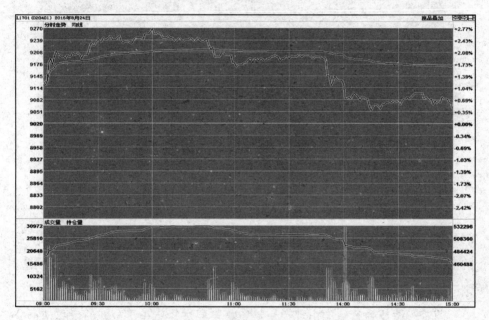

图2-15

L1701合约2016年8月24日价格形成了上涨转为下跌的走势，在价格延续上涨，以及由多转空的过程中，处处皆经典。这种波动形态给投资者提供了两次不同方向的交易机会，由于整体形态运行结构方向统一且波动简单，所以也是可以赚大钱的形态。

依然是老策略，对L1701合约的走势进行判断之后，还需要再与PP1701合约的走势进行一番对比，以此确定谁更适合于做多，或是做空。

PP1701合约2016年8月24日走势图（图2-16）。

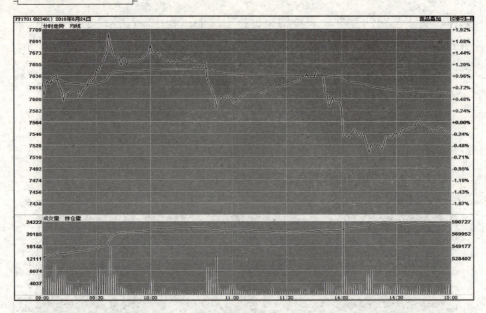

图2-16

PP1701合约2016年8月24日早盘期间在L1701合约连续向上创出了多次新高之后，才开始发力向上上冲，一波冲高之后便再也没有新的高点出现了，与L的走势相比，谁的多方力量大是很容易识别出来的。在价格跌破了均价线的时候，PP1701合约的低点创出了盘中的新低，但L1701合约的低点还在早盘的上方，从低位所处的位置来看，此时的交易策略是：如果价格进一步回落，则应当对PP进行做空，如果价格上涨，则继续关注L的多单。

随着一波反弹行情的出现，交易策略需要进行修正了：PP的反弹使得分时线向上突破了均价线，而L的分时线则依然在均价线下方；反弹结束以后L率先跌破上午11点的低点，而PP则并未破位，从此时的形态对比上便可以得出新的交易策略：应当对L1701合约进行做空的操作，对PP1701合约放弃做空。多空状态的改变，交易策略的转变也必须及时跟上，无法及时跟变的投资者早晚都是会被市场淘汰的。

黄金1612合约2016年7月11日走势图（图2-17）。

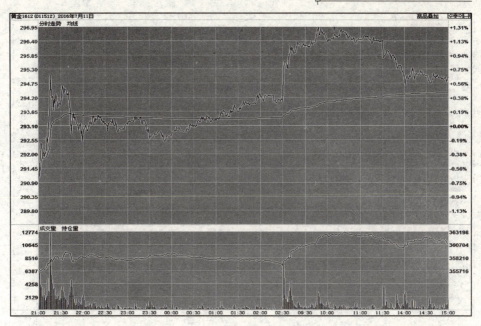

图2-17

黄金1612合约2016年7月11日出现了整体震荡上行的走势，虽然有一段时间分时线位于均价线下方，但这一时期的空单盈利空间非常小，而盈利的获取还是得依靠多单。

其实金和银的交易难度是要比其他商品期货难的，因为这两个品种除了具备一些商品的基本特征以外，它们还有着极强的金融属性，许多事件可以对它们产生影响，除了供需关系以外，与经济沾边的所有政策都会对其产生影响，以及战争之类的，影响的因素太多太多了，所以，笔者其实是不建议投资者对金和银进行投机性操作的。走得好好的，一个突发消息就是唰一下子的异常波动，仓位轻的你说亏的怨不怨，仓位重的就算你大方向看对了，一个局部异常波动直接逼你出局。

白银1612合约2016年7月11日走势图（图2-18）。

白银1612合约2016年7月11日的走势相比黄金1612合约要显得顺眼多了，7月10日夜盘刚开盘时的走势两者差异不大，调整后白银很快回到了均价线上方，而黄金则长时间保持在均价线下方，从均价线的关系上便可以轻易地确定交易策略了：如果下跌就空金，如果上涨就多银。

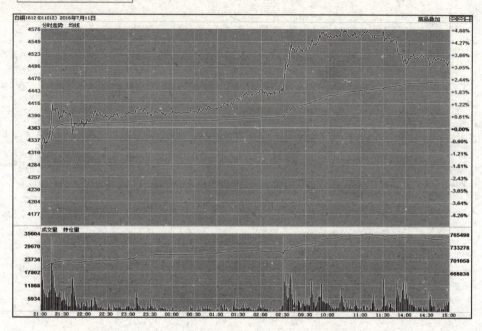

图2-18

进入凌晨1点之后，白银向上创出了当天的全局新高，而黄金此时依然位于全局新高的下方，高点的位置显示白银的多头力量更加强大，由于两个品种此时的分时线均处于均价线上方，因此，操作的方向是非常明确的做多。方向有了，目标品种也有了，接下来的工作就是静等各种有可能的介入形态出现。

菜粕1701合约2016年6月14日走势图（图2-19）。

菜粕1701合约2016年6月14日价格出现了方向上的大逆转，虽然方向快速的转变，但由于夜盘初期的上涨形态与下跌之后的震荡盘落形态都比较经典，所以，操作的难度并不是很大。进行日内投机就这一点好处，不管是日盘还是夜盘，收盘前都平仓，不去承担收盘期间的意外风险。

在对菜粕1701合约走势进行分析的时候，也一定要对豆粕1701合约的走势进行同步分析，通过其高低点以及分时线与均价线的关系确定谁更适合在上涨时做多，以及谁更适合在下跌时做空。

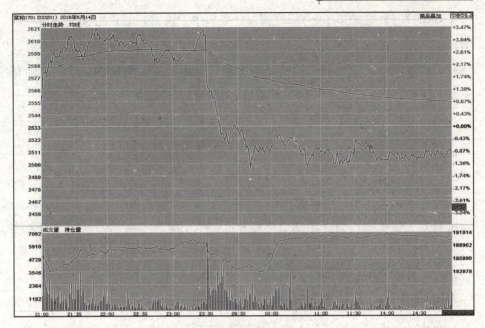

图2-19

豆粕1701合约2016年6月14日走势图（图2-20）。

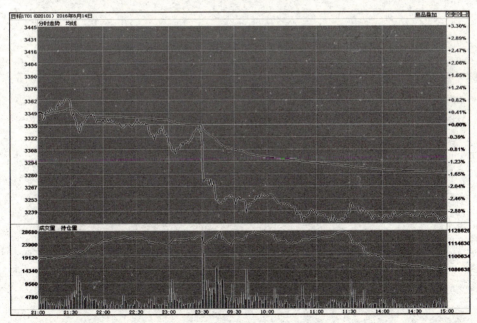

图2-20

豆粕1701合约2016年6月13日夜盘开盘后跟着菜粕1701合约涨了半小时以后，便开始一路向下掉头。菜粕21:50分左右向上创出新高时，豆粕则离新高还有一定的距离，通过此时的波动形态便可以得知：如果价格上涨自然是要对菜粕进行做多的，如果价格下跌那就要对豆粕进行做空。

而后菜粕保持高位箱体震荡，豆粕的分时线却不断向下创出新低，这些新低都在向投资者证明着空方力量强大的本质。日盘开盘以后，菜粕的下跌凌厉程度其实是超过豆粕，但在随后的震荡过程中，两者的形态差异并不是很大的，这又该如何决策该对谁做空呢？菜粕属于是"半路出家"，之前菜粕保持着多头的状态，而豆粕则除了夜开盘前半小时有多头形态以外，其余的时间全部是标准的空头形态，所以，在面对杀跌之后一致的震荡形态时，肯定是要选择空头状态保持时间长的品种进行操作。

局部可以识别出多空的力量就以局部为准，局部形态如果一致，那就可以对整体形态进行分析，从而确定目标，利用对比的方法，必然会确定出来，绝对不存在确定不出目标的可能！

第四节　买点先行挑选目标方式

利用分时线与均价线的关系确定目标品种，以及利用突破的先后时间确定目标品种，这是投资者两项必须要熟练掌握的看盘技巧。其中，利用突破时间先后的分析方法，既可以用来选目标，也可以在突破点率先形成时直接入场交易。因此，它属于决策与操作为一体的方法，只不过在有些时候因为更多的精力是放在选品种上的，所以介入点可能就会忽略了，而且突破形成的时候，如果是真实的突破，价格的运行速度也将会非常的快，发现率先突破形成的时候，再去做交易的准备，好的介入点也基本上就错过了。

在这个基础上，投资者可以使用一些别的方法来进行分析，让其既可以对选品种有帮助，还可以在选出来品种时直接提供介入点位。在这里教各位读者朋友一个方法，而后在这个基础上大家也可以继续拓展思路、解放思想，这样就可以找到最适合你的判断与交易的方法了。

买点先行挑选目标品种的方法为：使用具有买卖点信号、持仓信号为一体的趋势监控指标，谁先出现买点做多信号就对谁进行做多，谁先出现卖点做空信号就对谁做空。先出现买点就犹如先形成"突破"，自然是最值得进行交易的品种。这样一来，一个指标就干全了两件大事，一是帮着选目标品种，二是同步帮着提示清晰的买卖点。

菜粕1701合约2016年5月26日日K线走势图（图2-21）。

菜粕1701合约2016年5月26日在短线调整结束之后，趋势监控指标给出了清晰的买点提示（指标窗处的K线下方圆点为做多信号，没有圆点则为做空信号），如果单看菜粕1701合约，在这一天便可以入场做多了，盘中发现做多信号的，盘中就跟进，收盘后发现的就在第二天择机介入。

不管是进行盘中的走势分析，还是进行日K线走势分析，始终不能忘了对比这种确定目标品种的方法。看了菜粕的日K线，也一定要再去看一下豆粕的日K线，看一下两者之间有着怎样的差异。

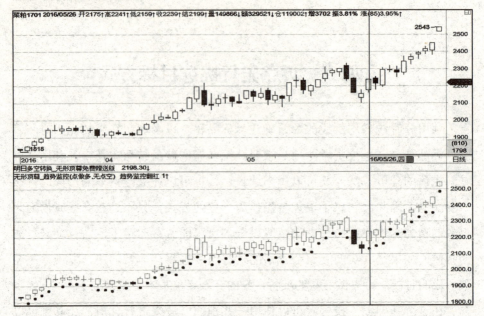

图2-21

在操盘软件中，指标的显示只有空心的红色指标K线与实体的蓝色指标K线，指标K线红色状态便做多以及持有多单，指标K线蓝色K线便做空以及持有空单。但在黑白色的图书中，为了使读者朋友看得更清楚，所以，在做多的K线下方添加了一个小圆点以便于区别做多与做空的信号差别。

豆粕1701合约2016年5月25日日K线走势图（图2-22）。

豆粕1701合约2016年5月25日这一天趋势监控指标便给出了圆点做多信号，相比菜粕1701合约，做多信号提前了一天的时间，这意味着豆粕1701合约的走势多头力量更大一些，在相同标准条件下，先出现做多信号的，便意味着资金趋涨的积极性更加高涨。

虽然只是一天之差，但这也是极大的差距，且不说日K线一天的差别，就是在1分钟K线图中提前一根K线出现买点也会使得两得品种未来会有着很大的形态差异。经常说择强而入，什么是强？买点的率先出现就是其中一个强的标准。

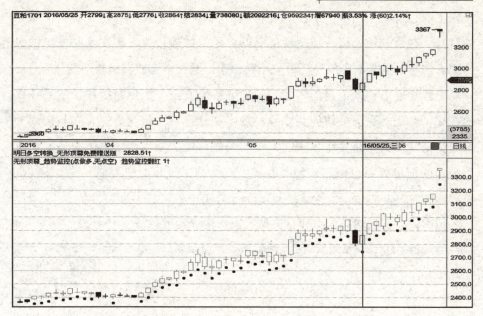

图2-22

不管是期货还是股票，在日K线图中，一定要操作那些率先出现信号的品种。

焦炭1701合约2016年6月22日日K线走势图（图2-23）。

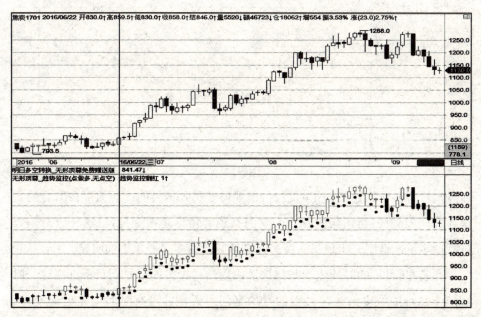

图2-23

焦炭1701合约2016年6月22日于低位震荡时出现了做多的买入信号，而后一轮上涨行情随之出现，上涨中途调整出现时，指标及时发出平仓多单做空的信号。在新一轮上涨行情出现的时候，趋势监控指标又再次及时发出做多的圆点信号，机会不会放过，风险不会伤害，紧密地监控着趋势的变化。

在焦炭发出买入信号的时候，一定要去看看整个黑色系板块，或是焦煤的变化，对比一下同板块间关联品种的多空状态。以焦炭为例，它与焦煤关系最为密切，必竟是娘生出来的儿子，与螺纹的关系也密切，因为是上下游关系，与玻璃关系也密切，但与铁矿、动力煤的关联性就略弱一些，所以，在对比的时候，要适当留意这些基本面上的差异。

焦煤1701合约2016年6月21日日K线走势图（图2-24）。

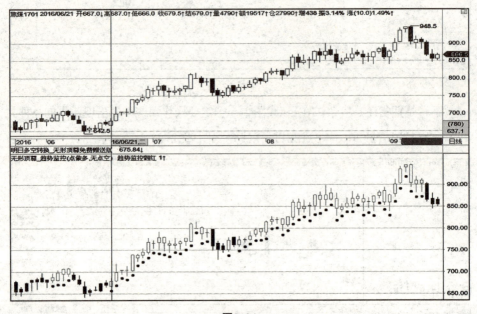

图2-24

焦炭1701合约是2016年6月22日出现做多买入信号的，而焦煤1701合约则是在2016年6月21日出现的买点，这怎么说？肯定是在6月21日这一天对焦煤进行做多了，谁率先出现买入信号，则意味着谁多头迹象更加明显。

其实在6月初的时候焦炭与焦煤还出现一次做多的信号，只不过在这一时期两个品种的做多信号与做空信号均是同一天，并没有时间上先后的差异。接下来的问题就又来了，日线同一天出现买入信号这又如何选择呢？在实盘期间做多信号肯定是有先有后的，极少会出现同一分同一秒同时出现信号，实盘中时间上的差异就是介入的理由。

虽然是用日K线进行的分析，但其实这种交易的思路完全可以放到各种周期之中，进行交易最忌讳日线就是日线，分钟K线就是分钟K线的死搬教条！什么时候你能明白：日K线就是1分钟K线，3分钟K线就是60分钟K线这句话时，你就会突然感到心中变得亮堂堂了。

玉米1701合约2016年8月10日60分钟K线走势图（图2-25）。

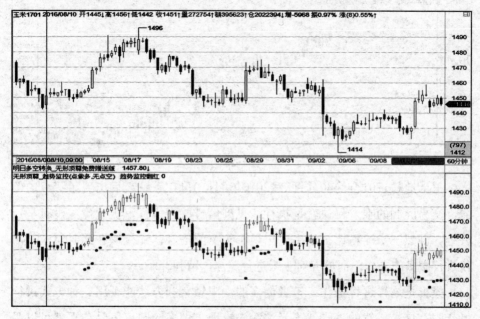

图2-25

玉米1701合约60分钟K线在2016年8月10日这一天还并未出现做多的买入信号，指标一直提示着进行做空的操作，直到第三天盘中趋势监控指标才给出了圆点做多的信号。一个指标就可以实现：做空的卖点提示、做多的买点提示、持多单信号、持空单信号，好的工具总是可以减轻投资者的分析压力，直白的告诉你那里可以入场交易。

在玉米出现买点信号的时候，一定要对比跟它关系密切的玉米淀粉的走势。在正常情况下，玉米淀粉都会比玉米活跃，呈现上涨时玉米淀粉比玉米涨得多，下跌时玉米淀粉比玉米跌得多的格局，所以，同步对玉米淀粉进行分析是必不可少的。

玉米淀粉1701合约2016年8月10日60分钟K线走势图（图2-26）。

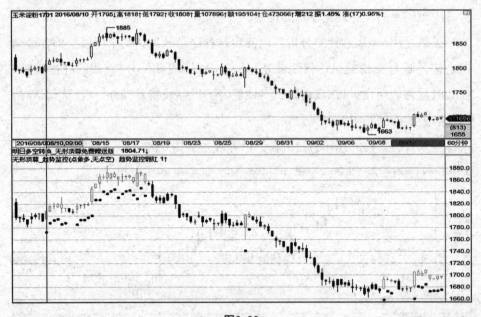

图2-26

玉米淀粉1701合约60分钟K线2016年8月10日在下跌之后出现了买点的信号,交易胜制的唯一秘诀就是执行!见到信号就去执行,犹犹豫豫没有半点好处。既然玉米淀粉比玉米率先出现了买点的信号,那就该在此时对玉米淀粉进行做多的操作,而放弃对玉米进行关注,留强弃弱。

投机是这样进行操作,笔者创立的一阳锁套利方法能否用这种方式进行操作呢?这是自然的,既然玉米淀粉先出现了做多的圆点信号,那就可以买入玉米淀粉,而后在持续发出持空单信号的玉米身上进行做空操作就可以了,强得做多,弱的做空这正是笔者独创的套利模式。

至于说后期的下跌行情中,只要做多圆点信号消失,就可以入场做空,同理,谁先出现做空的信号就去操作谁。如果同时出现做空信号,就对比一下K线形态看谁更适合于做空。仔细看一下趋势监控指标的信号细节,是不是做到了:多单机会不会错过,空单机会也不会落下的效果?

热卷1701合约2016年8月25日60分钟K线走势图(图2-27)。

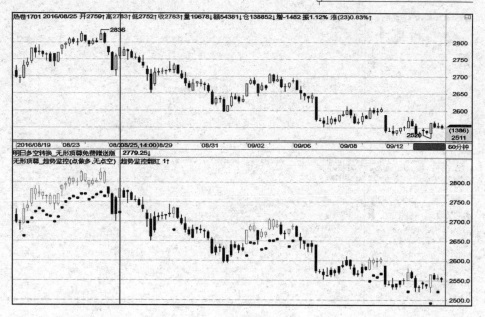

图2-27

热卷1701合约2016年8月25日下午14:00时的60分钟K线图中，趋势监控指标给出了做多的买入信号，信号一旦出现就要毫不犹豫地入场做多，第二根60分钟K线提示应当做空，此时便可以将多单出局，马上新进空单。

千万不要认为这种交易是折腾，这是交易过程中极为常见的操作情况，这一根K线上有做多信号，但下一根K线就会有做空信号出现，及时跟变针对的就是这种形态，如果换手做空的时候你不舍得止损，那就必然要受到市场的惩罚，只要出局多单马上反手做空，始终跟着市场信号走，市场总会对正确的操作给予丰厚的奖励。

热卷与纹螺高度相关，故此，在对热卷走势进行分析时，千万不要忘了看一下螺纹当前是什么样的波动状态。

螺纹1701合约2016年8月25日60分钟K线走势图（图2-28）。

螺纹1701合约2016年8月25日下午14:00时的60分钟K线图中，趋势监控指标并未给出做多的信号，而是始终保持着持有空单的提示状态。很显然在此时肯定是要进行一次做多热卷而后止损出局的操作。那么，出局之后是按热卷的做空提示操作呢，还是应当做螺纹呢？

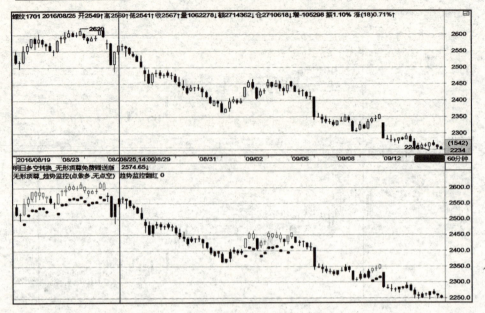

图2-28

虽然说热卷刚形成做空的信号，而螺纹是持续提示做空，但其实应当是在热卷有了做空信号的时候对螺纹进行空单的操作。指标出现做多信号说明热卷的多头力量大于螺纹，而螺纹持续的空单持仓提示则显示螺纹空方力量大于热卷，故此，在热卷有做空信号出现时自然要择强而入选空方力量强的螺纹了。

投资者按主观判断执行交易总是会有亏损较大的情况出现，而如果依据趋势监控指标信号去操作，大亏是绝对不可能的事情，之前说过，在没有大亏的时候，盈利才会变成一件可以持续实现的事情。

棉花1701合约2016年2月至4月日K线走势图（图2-29）。

棉花1701合约2016年2月至4月期间价格在低位震荡的过程中，对于短线的波动指标给出了还算不错的提示效果，4月份的一轮上涨行情，更是及时地发出了做多的提示信号。生活工具的使用，使人与野兽有了差别，而交易工具的使用，则会使投资者产生输与赢的差别。

棉花这个品种虽然属于农产品，但其实它的走势并不是与其他农产品有着高度的相关性的。棉花、白糖、玉米与玉米淀粉这些品种自成一派，跟谁都是远亲。虽然关系远一些，但并不是说一点对比的必要也没有，如果同一时期农产品间形成了较为接近的走势，还是可以拿来一比的，看谁的技术形态更强。

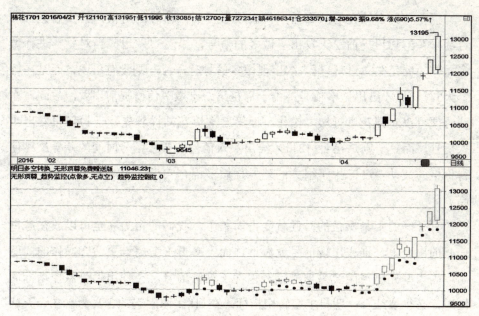

图2-29

豆一1701合约2016年2月至4月日K线走势图（图2-30）。

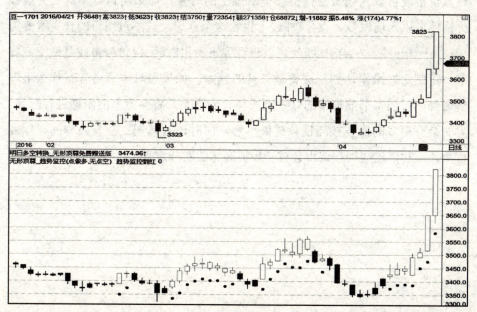

图2-30

豆一1701合约2016年2月至4月在底部震荡的过程中，其日K线与棉花相差并不是太多，故此，两者之间可以根据信号的率先出现来确定该操作谁。

棉花1701合约在3月7日第一次出现做多买入信号的时候，其实豆一1701合约早在3月2日提前三天发出了做多的信号，显然3月2日应当对豆一进行做多操作。棉花在3月17日第二次出现做多信号时，豆一则没有出现，而是在第二天3月18日才给出做多信号，由于棉花第二次做多信号提前出现，故此，在此时便可以对棉花进行做多操作。而第三次棉花同样领先，于4月6日发出买入信号，而豆一则是在4月13日才给出买入信号。买入信号时间的差异最终使得价格的波动幅度产生了很大的差异，做多棉花实现的收益要远比做多豆一高。

有了好的工具操盘的时候就变得简单了，我们的精力完全可以放在等待信号的出现上，谁先出现信号就做谁，而不必再去考虑谁更适合操作的问题了，因为率先出现的交易信号已经包含了这些信号。在使用趋势监控指标的同时，必须要结合：明日多空转空指标，在日K线图中它的含义为：在今天就告诉你明天该于何价格做多或做空，持续提示做多的时候，如果明日盘中跌破该价格便可以入场做空；持续提示做空的时候，如果明日盘中向上突破该价格便可以入场做多。在分钟K线上也是这个意思，只不过明日的含义就变为了：下一根K线。在当前K线就可以告诉你下一根K线于何价做多或是做空，提前一步制定好操作计划，这就是工具的魅力。如果您对本章内容有什么不理解之处，可按本书前言中的联系方式与我们联系，将会就您的困惑进行回复。界时会有更多的操作技巧视频提供给您，同时还有每周二次新内容的视频课程更新，相信这些视频课程会进一步提高您的实战水平！

※ 第三章　交易方向确定 ※

确定好市场的多空环境、确定了适合交易的目标对象之后，接下来第三件工作就是要针对选定的目标品种确定一下操作的方向。交易方向的制定是重中之重！笔者认为它的重要性要超过具体的介入细节点。方向如果出错，你介入点再漂亮，赚不到钱的可能性也是比较大的；方向如果正确，就算介入点并不是太完美（不等于随意找个点就介入），赚钱的概率也是极大的。做任何事情，只要方向对了，基本上任务也就完成了一半，实战交易也是如此。

其实交易方向的制定非常简单，只不过不去执行的投资者太多了，这主要是在自学过程中，那些交易恶习已经养成了习惯，所以极难改掉。在我的学生中有许多新手，他们会因为经验少一些、介入点技术不熟练而犯下一点无伤大雅的小错误，但从没有在交易方向这个重大问题上犯过错误，这是因为上来他们就接受了正确的理念与方法，身上没有交易的恶习与错误的思维观点存在。这个市场其实新手的进步要远超过老手，老手身上背负了太多错误的东西，还都顽固的不舍得扔掉，而新手就是一张白纸，接受的全是正确的，只不过就是交易经验少，一些细节需要时间来衡量而已。

方向，方向，方向！重要的事说三遍！请在下单前再加一句话问自己：你的开仓符合环境的要求吗？你交易的品种是最适合操作的吗？你交易的方向是否与价格当前的方向一致？三个答案均为是再开仓，否则就住手！听不听在你，你要非愿意亏钱给我们，我们非常乐意收下。

第一节 均价线确定交易方向

利用均价线确定出的交易方向称之为：战略方向，它是重要的参考，但并不是唯一的绝对。作为还没有养成良好交易方向的投资者来说，一定要先从均价线确定方向的方法练起，这是因为利用分时线与均价线的关系确定交易方向的技巧比较稳定，方向的转变没有那么的快，投资者的思路完全跟得上价格的方向变化。

利用均价线确定交易方向的方法为：

（1）分时线在均价线上方时，只考虑如何做多，放弃所有的做空机会；

（2）分时线在均价线下方时，只考虑如何做空，放弃所有的做多机会；

（3）分时线向下跌破均价线时，交易方向由多转空，分时线向上突破均价线时，交易方向由空转多。

只要严格按照这三项要求执行你的交易，大的问题便不会再出现了，余下的问题就是介入点的细腻程度，只要别做空在下降趋势的最低点，买在上涨过程中的局部最高点，赚钱就会变得非常简单了。

正确的方法处处都是极为简单的，就看你能不能够完全的相信它，并坚持的使用下去。成功就在正确的坚持中！

豆一1701合约2016年8月10日走势图（图3-1）。

豆一1701合约2016年8月10日价格出现了较长时间的震荡上涨行情，从这一天的走势来看，做多显示是最容易赚到钱的，虽然上涨过程中存在做空的机会，但做空却没有什么好的技术形态，价格虽然留下了不少高点，但最终都被突破了上去。

在实战操作的时候，我们并不会知道价格后期将会如何波动，在决策的那个时间点应当如何来确定交易机会呢？只需要看一下分时线与均价线的关系便可以，只要分时线在均价线的上方，操作方向就要坚定地做多，至于价格盘中的回落，根本就不去考虑做空，而是要将调整回落的走势视为是逢低做多的好机会。

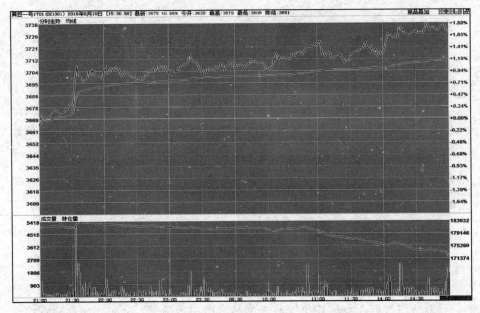

图3-1

只要分时线在均价线上方的时候交易的方向始终保持做多，资金盈利的概率将会是非常大的，在这种波动方向非常明确的情况下如果一会多一会空，除非是极高水平的神，否则绝不可能盈利。

玉米淀粉1701合约2016年8月10日走势图(图3-2)。

玉米淀粉1701合约2016年8月10日价格在盘中出现了多次波段式的上涨走势，每一次上涨后，分时线都出现了回落，但是整体来看调整的低点都在不断地抬高，这是最明显的多头形态之一，既然价格的波动形态是满满的多头，那我们的交易是不是也应当顺着价格？

许多投资者其实并不是不想顺着，而是不知道该如何顺势交易，做到这一点非常容易，有舍就行，只要舍掉了空头，便会得到多头带来的盈利机会。不管盘中什么时间只要发现分时线位于均价线上方，便一定要坚定做多的信心，任何价格的回落都绝对不应当视为是做空的机会，而要把价格的回落视为是又一次做多机会的到来。

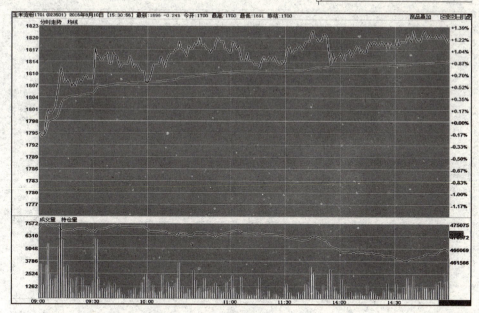

图3-2

亏损的投资者在交易的时候有一个特点，其交易的单子没有任何主方向，见价格涨就多，见价格跌就空。而如果查看真正有实战水平的投资者交易的结果，便可以看到，在某一个时间段，开仓的方向都是完全统一的，这个阶段要是多单便都是多单，这说明交易的方向上有主心骨，在有明确交易方向的情况下，又怎么可能不实现盈利呢？

螺纹1701合约2016年7月18日走势图（图3-3）。

螺纹1701合约2016年7月18日夜间开盘之后价格便出现了连续回落的走势，并在下午收盘前跌停，谁都想捉住涨停板或是跌停板，可如果你在价格下跌的时候逆势做多，总是反着操作又怎么可能捕捉到获大利的机会呢？

自夜盘开盘分时线便一直在均价线的下方，不管在什么时候发现了这一现象，都要意识到当前时刻的操作必须要以做空为主，任何做多的行为都绝对不能有。价格的波动必然是一波空一波多，下跌出现为我们创造收益，反弹出现则提供了又一次新的做空时机，只要报着这样的正确心态面对价格的波动，盈利根本就不是什么困难的事情。

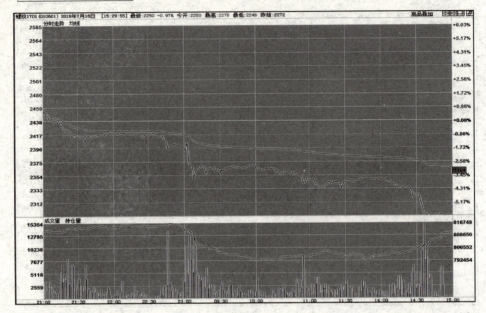

图3-3

正确交易方向的确定是盈利的第一步，方向有了接下来就是要细化交易点位了，而不是说只要分时线在均价线下方随便找个点位便可以做空，这可是对自己交易不负责的态度，每一个分析的流程都是一项全面的决策过程，一步接一步从上到下就是一套完整的交易系统。

沪镍1701合约2016年8月25日走势图（图3-4）。

沪镍1701合约2016年8月25日夜开盘后略做震荡便出现了连续下跌的走势，由于价格下跌时反弹的幅度并不高，以及大段的下跌形态非常简单，所以，很容易让投资者实现较大的收益。

由于分时线始终位于均价线下方，因此，无论在什么时候发现了这一现象，都要保持着做空的操作，那怕是在价格下跌的最低点也要保持做空的思路。保持做空思路并不代表可以马上入场操作，方向有了还要再等到可以做空的技术点位出现。盘面多空环境、目标品种确定、交易方向确定，而后介入点细节处理，这样的分析环境一个都不能少。

自上午11点开始，分时线出现了连续向上的走势，此时分时线依然在均价线下方，应当继续保持着做空的思路，但由于做空的技术形态始终没有，所以，之后的行情是不可入场操作的。分时线在均价线下方时，舍弃所有的多单机会，你才可以获得空单带来的所有盈利机会，多单也想捉住，空单也想捉住的投资者，到头来什么方向的单子都捉不住。

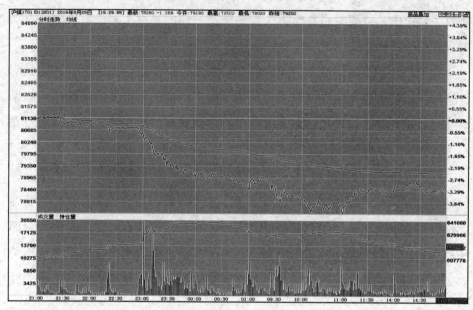

图3-4

L1701合约2016年8月24日走势图（图3-5）。

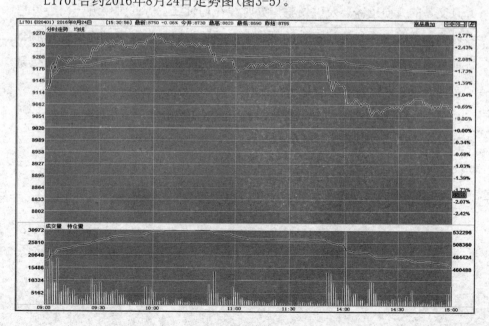

图3-5

71

L1701合约2016年8月24日的价格形成了先涨后跌的走势，价格波动的方向不再向前几个案例那样始终是一个方向波动，其实这种现象在实盘之中也是较为常见的，只要投资者掌握了识别交易方向的要点，无论价格如何波动都可以捉住获利的机会。

在前一个半小时的交易时间内，分时线始终位于均价线的上方，这说明此阶段投资者要考虑的事情就是如何进行做多的操作，做多的手法归纳起来其实也就是三种：逢低做多、突破做多、追涨做多，这些交易的细节都要在有了方向以后才可以再根据价格具体的波动进行实施。

经过一个小时的连续上涨以后，价格到达了当天的高点，前二十多分钟回落的时候，分时线始终在均价线上方，在没有跌破均价线之前，必须要继续保持做多的思路，如果有做多的介入形态也必须要按要求介入，因为后面价格如何波动我们是不知道的，所以，有多头的方向又有多头的形态自然是要去入场操作的，就算在跌破均价线时需要进行止损，这也绝对是正确的交易！

在价格跌破了均价线进入了空方状态以后，此时手中便不能再有多单了，并且交易的方向也需要及时调整，分时线在均价线上方的时候就一门心思想着做多，分时线在均价线下方的时候就必须要想着如何做空，而要完全放弃之前做多的想法，如果此时转变不过来交易的思路，就很容易做出逆势交易的错误决策了。

总之一句话：价格在均价线上方多，价格在均价线下方空，牢记这一点，你便已踏上了通往成功之城的正确之路。

第二节 布林线确定交易方向

分时线与均价线的关系比较稳定，方向转变的速度并不是太快，所以，适合于投资者首先使用，当然使用它的原因就是先养成良好的交易习惯。我把分时线与均价线的关系制定出来的方向称之为：战略方向，它是一个大的方针战略，这也就意味着有些时候它可能会离实战略远一些。

现在许多品种都有夜盘了，有时候夜盘期间价格上涨或是下跌距离均价线过远，这个时候，分时线与均价线的关系已经很难再对白天连续的走势进行指引了，如果依然僵死的利用分时线与均价线的关系来指导操作，就会有一些不太适用，所以必须还要使用更贴近实战的方式来确定交易方向。

布林线指标中轨其实就是26周期的移动均线，由于笔者比较喜欢使用这款指标进行常规的交易，所以便以布林线指标中轨为例讲解实战方向的确定方法。如果各位读者朋友喜欢使用移动均线或是其他的趋势类指标，其效果也是完全一样的。

布林线指标中轨相比均价线可以更紧地追随价格的波动方向，并且在交易方向转变的时候，其提示也非常的及时并到位。因此，才将布林线指标中轨提示的方向称之为：实战方向。

布林线指标中轨提示方向的方式为：只要布林线指标中轨向上，在没有跌破下轨之前，必须要进行做多的操作；只要布林线指标中轨向下，在价格没有向上突破布林线指标上轨之前，必须要进行做空的操作；布林线指标中轨方向的转变即为实战交易方向的转变。

沪镍1701合约2016年8月25日3分钟K线走势图（图3-6）。

沪镍1701合约2016年8月25日3分钟K线图中，价格波动的主方向是下跌，形态单一的下跌过程给投资者带来了极好的获利机会。虽然行情这样的好，但总是还会有投资者亏钱，其中的原因很简单，方向完全给搞错了。

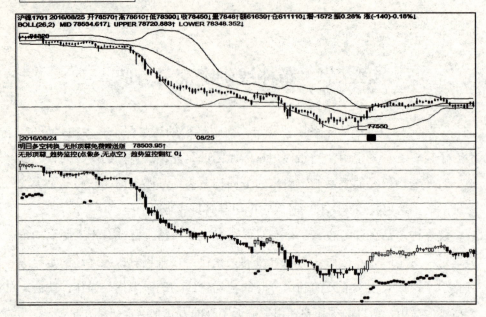

图3-6

在布林线指标中轨向下的时候，所需要做的就是坚定的确定做空的方向，以及耐心的等待做空的技术形态出现。在布林线指标中轨向下的时候，绝对不要因为错过了做空的机会，而产生抄底做多以弥补错过的错误想法，也正是这种想法的涌现，才会让投资者去逆势进行抄底。方向一经确定，在未改变之前，不要去猜测价格是否会上涨，当下的只要没有上涨的形态出现，那就一门心思去做空。

做空的时候可以进行逢高做空、可以进行突破式的做空、更可以去追空，这三种手法足以解决价格下跌时的各种波动形态，给什么机会就去执行怎样的操作就可以了，只要有了方向，必然会有插进脚的机会。如果使用趋势监控指标进行操作那就更简单了，只要指标翻蓝（在黑白图中做空表现为实体的指标K线，做多则为空心带圆点的指标K线），便可以杀进场中，只要未见指标K线翻红便可一路持有空单，就算你什么都不会，好的工具也可以帮你实现盈利。

动煤1701合约2016年9月7日3分钟K线走势图（图3-7）。

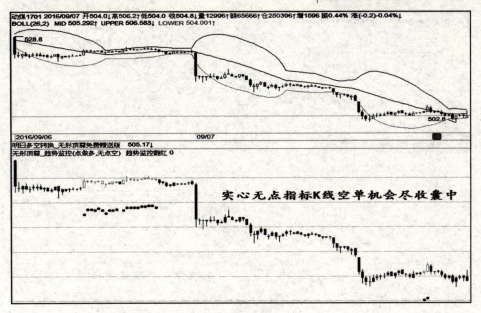

图3-7

动煤1701合约2016年9月7日3分钟K线图中，价格同样出现了一轮持续性下跌的走势，在下跌的过程也先后三次出现了反弹的走势，但仔细查看便知：反弹的幅度非常小，这意味着就算抄在了最低点，多单的收益也是非常有限的，而每一次反弹之后，下跌又总是会很快的到来，只要出局晚一些，到手的多单利润便会很快连本带利还给市场，可见，逆势做多是完全不划算的，收益少并且风险大。

想要实现较高的收益，无论何时都必须要顺着价格的方向进行操作，只要布林线指标中轨明确向下，那就必须要坚定的看空，而后根据价格的具体波动形态去采取与之相匹配的操盘手法。在布林线中轨明确向下的时候，可以利用反弹进行逢高做空的操作，也可以突破点进行操作，也可以在下跌过程中追空操作，只要执行的是做空的交易，资金必然会有所增值。

在布林线指标中轨向下的情况时，千万不要自做聪明的跑到方向的前边，企图把握价格方向转变的拐点，这是最不靠谱的事情。我们要做的是紧随市场，因为我们创造不了方向，只能跟随方向，所有企图证明自己比市场聪明的人，最终必然会被市场无情的斩杀。

豆一1701合约2016年8月17日3分钟K线走势图（图3-8）。

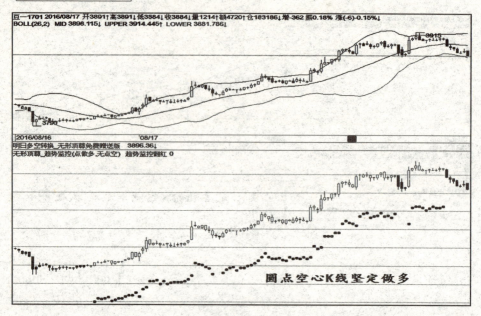

图3-8

豆一1701合约2016年8月17日3分钟K线图中，价格形成了连续震荡上涨的走势，这种的技术形态虽然说涨速并不是太快，但其实却是最容易操作的，因为价格的波动给投资者留下了好多次上涨中途介入的机会。

在价格上涨的过程中，布林线指标中轨始终保持着上升的趋势，指标中轨给了投资者以明确的方向提示，这一段时间只要交易的方向是做多的，亏钱是绝对不可能的，只是存在赚多赚少的差别而已。不管在盘中什么时候发现中轨形成了上升趋势，就算你没有在实际交易上做多，至少也得在分析观点上看多。

从图中价格的表现来看，逢低做多的机会、突破操作的机会遍布整个上涨过程，投资者有多次中途上车的机会，就连趋势控指标也给出了三次入场做多的信号提示，只要出现带点空心的指标K线，便可以积极地入场操作，好方法，好工具，拥有其中的一样都可以轻松实现盈利。

白糖1701合约2016年9月13日3分钟K线走势图（图3-9）。

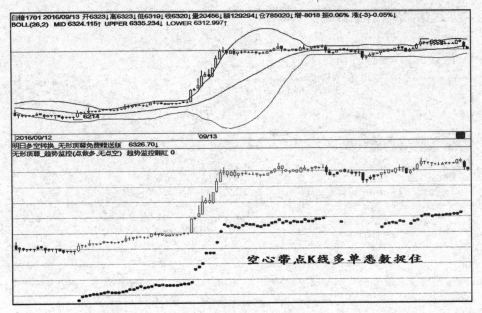

图3-9

白糖1701合约2016年9月13日3分钟K线图中，价格开盘后略震荡一下后便出现了一轮较大幅度的上涨行情，在价格上涨的初期，趋势监控指标及时地向投资者发出了空心带点做多信号的提示，大的上涨波段可以捉住，在高位窄幅震荡的过程中，两次小级别的上涨波段也照样可以准确的捉住。

而利用传统的交易方法也照样可以实现不菲的盈利，在价格上涨的初期，布林线指标中轨已形成了上升的趋势，方向一旦明确出现，交易的问题也就解决了一大半，此时的交易策略便是坚定地进行做多操作，而后视价格的具体波动形态来制定相应的交易点位。

从后期上涨的走势形态来看，逢低做多的机会并没有留给投资者，在上涨的高位才见到这样的交易机会；突破的交易机会以及追涨的交易机会都留给了投资者，由此可以看到，交易的方向一经明确，操作的机会必然会有的，总说把握不住机会的投资者，其实是没有任何交易方向的投资者，拥有了正确的交易方向，什么波动形态的获利方案也就都有了。

白糖1701合约2016年8月25日3分钟K线走势图（图3-10）。

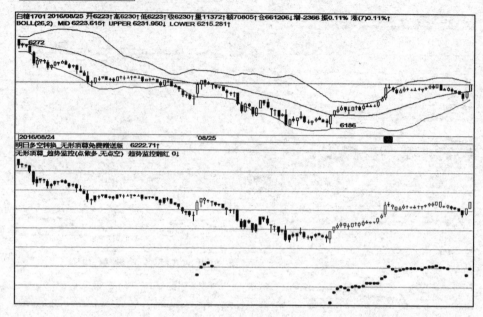

白糖1701 2016/08/25 开6223↑ 高6230↑ 低6223↑ 收6230↑ 量11372↑ 额70805↑ 仓661206↓ 增-2366 振0.11% 涨(7)0.11%↑
BOLL(26,2)　MID 6223.615↑　UPPER 6231.950↓　LOWER 6215.281↑

6272

2016/08/24　明日多空转换　无形顶幕免费赠送版　6222.71↑
无形顶幕_趋势监控(点做多,无点空)　趋势监控翻红　0↑

图3-10

　　白糖1701合约2016年8月25日3分钟K线图中，价格先是出现下跌的走势，而后又出现了上涨的走势，其实交易方向的转变对于投资者来说是好事，价格可能没怎么涨跌幅度上的变化，但却可以捉齐下跌和上涨两头的盈利机会。

　　在布林线指标中轨向下的时候，价格的波动给投资者提供了多次逢高做空、突破、甚至追空的机会，而趋势监控指标也同时始终发出着持有空单的信号，下跌中途的一次反弹更是给投资者提供了极佳的一次做空机会，只要指标再次翻蓝发出做空的信号，便可以积极地顺应大的下降趋势进行做空操作，下跌到低点区间以后，只要做多信号出现便可以平仓空单，而后跟进多单。

　　经过连续几大波下跌之后，价格开始出现反弹上涨的走势，如果布林线指标中轨在此时并没有转变成为上升的趋势，那投资者是绝对不能入场做多的。而随着价格的连续上行，中轨也终于由下降趋势转变成为了上升趋势，这个时候，就需要转变之前做空的思路了，而是应当密切留意做多机会的出现，从图中的K线数据来看，给投资者提供了一次逢低做多的盈利机会。而如果利用趋势监控指标指导操作的话，在上涨行情的初期便可以把握住盈利的机会，历来工具的作用就是要将复杂的事件变得简单，实战交易更是如此，越简单的往往越有效。

第三节　放松技术条件的约束

为了养成良好的交易习惯，投资者刚开始交易时必须要有严格的约束机制，要求的操作条件是怎么样的，半点都不得违背，只有这样才可以把正确的方法变成习惯，自然就会去遵守，在没有养成这种习惯之前，任何条件的放松都是绝对错误的。只要严格按之前两节的内容进行交易，顺势操作养成了习惯，就可以开始放松一些技术条件，然后去捕捉更多的操作机会了，如果放松的技术条件无法实现盈利，那就回到老路上，继续按照严格的约束方式进行操作，可见，严格的约束交易方式既可以帮投资者养成良好的交易习惯，也可以成为投资者操作时重要的退路。

放松的方向约束是指：不再受布林线指标中轨方向的约束，或是分时线与均价线上下关系的约束，有做多信号就做多，有做空信号就做空，完完全全的跟随信号去走。这种做法会有顺势的单子出现，同样，也会有不少逆势单的出现，其实这也很正常，因为价格涨多了就会跌，跌多了就会涨，只是何时起涨、何时止损投资者难以有一个统一的标准去识别以及去操作，如果有了这种技术上的标准，无论是下跌以后做多，还是上涨以后做空，都是完全正确的了。

许多读者朋友问我：为什么您不讲解抄底以及摸顶的技术方法呢？并不是我没有这样的方法，我说过，不管是什么形态的波动，我都有获利的解决方案。并不是夸张，99的投资者都不应当学习或者是根本不满足学习这些方法的条件，原因很简单，顺势交易你还玩不转，还不能做到稳定持续的盈利，还玩逆势？想进行抄底摸顶操作或是学习的前提就是：必须把顺势交易的各种形态的盈利方式全部掌握，达不到这一条没资格学逆势的交易技术。走还走不利索，就玩别跨栏跑了。

放松了方向上的约束，这种方式我在实战操作时其实也不用的，这一点一定要给大家交待清楚，我依然是做顺势的，后边的章节中也会讲我具体如何交易的核心技巧，顺势我赚起钱来稳妥妥的，我又何必再去管别的。虎啸山林，鹰翔长空，鲨潜水底，狮跃草原，各有各的生存之道，是老虎的没必要学狮子，一个方法只要能给你源源不断地带来收益，一直用它就可以了。只不过从传授方法的角度而言，老师如果没有一缸的水，又怎么能给学生们舀出一碗的水呢？

既然不再受方向的约束，在操作的时候，统一的交易理由是非常重要的。不管什么样的波动形态都得是完全一样的手法，其实能满足这一点的方法真的不少，只不过投资者们没有去细化其交易细节而已。比如：MACD金叉就做多，死叉就做空，这不就是统一的交易理由吗？只是太多的投资者会怀疑，这样就能赚到钱了？当然可以！只是你不相信而已。在相信的基本上，你再把细节搞好，任何一个指标都是获利的利器。

棉花1701合约2016年9月14日3分钟K线走势图(图3-11)。

图3-11

棉花1701合约2016年9月14日3分钟K线图中，夜间开盘后价格出现了震荡回落的走势，从K线形态来看，运用突破的方法完全可以实现做空的盈利。而下跌到了低点之后，一轮持续时间较长的震荡上涨行情随之出现，在这一轮行情中，就算不使用确定方向的方法进行识别也可以知道，肯定是要一路做多了。

在价格上涨的过程中，留给了投资者多次介入的机会，向上的突破出现了好几次，调整低点的逢低做多机会也有好几次，只不过由于价格上涨的持续性差一些，所以如果进行追涨操作的话，不仅无法赚钱，还会有很大的可能有出现亏损，这是因为价格涨一涨就会调整，一旦追高了随后的调整又肯定会打破止损位。

用传统的方法进行操作获利并不难，只需要你掌握这些技术的细节便可以。而如果没有去学习这些方法，只是使用趋势监控指标进行操作，翻蓝就做空，翻红就做多，获利也照样简简单单，从夜盘开盘到日盘收盘一整天的时间，获利的机会指标哪一回错过了？这样一来，摆脱了交易方向的硬性约束，在交易机会增多的情况下，获利的幅度也就提升了上来。

沪铜1701合约2016年9月12日3分钟K线走势图（图3-12）。

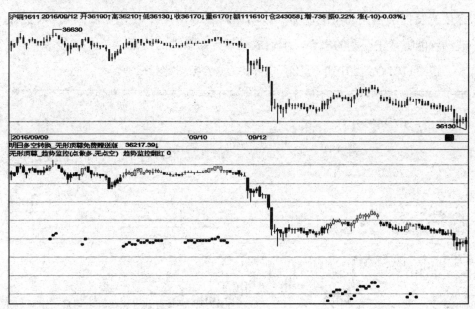

图3-12

沪铜1701合约2016年9月12日3分钟K线图中，除了一波快速的下跌走势以外，其他的时间价格其实都保持着无明确方向或是小幅度的震荡走势，如果无法捉到那波大幅下跌的走势，其余时间的波动靠传统的方法就难以实现理想的盈利了，因为在方向缺失的情况下，价格的波动形态并没有标准的多头介入形态或是空头介入形态。

由沪铜的走势便可以看到交易方向确定的重要性，以及在交易方向缺失时的交易难度，在没有一个好工具的情况下，不结合着方向进行操作，很容易便把已赚到手的盈利吐还给市场。按照趋势监控指标的信号来看，夜盘期间的震荡走势无论是多单机会还是空单机会，指标的提示都非常到位，特别是在那么大幅下跌走势出现的时候，更是提前就给出了做空的信号，如果用传统的方法在此时交易，也只能在突破点介入，而很难在下跌之前便找到十分恰当的做空点。

价格宽幅波动时赚钱很简单，瞎蒙也可能会赚到钱，但在价格窄幅波动时还能赚钱，这可就考真功夫了，而传统的方法绝大多数都对窄幅波动都很无奈，放弃其实也是一种智慧，只把握属于自己的机会，这的确是制胜之道。而在没有明确方向的情况下，又赶上价格波动幅度较小的时候，趋势监控指标依然发挥了强大的实战能力，波动大就赚大钱，波动小就赚小钱，只要有波动就能提示出获利的机会，那怕放松了方向条件的约束。

螺纹1701合约2016年8月26日3分钟K线走势图（图3-13）。

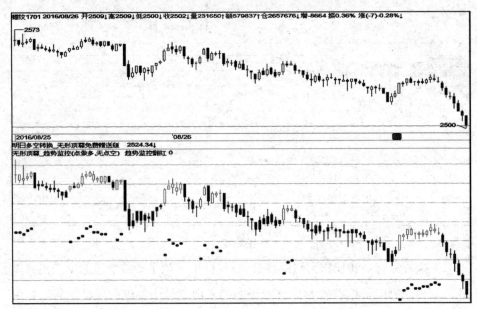

图3-13

螺纹1701合约2016年8月26日3分钟K线图中，价格波动虽然有着明确的大方向，但是，K线图形却显得复杂一些，反弹的幅度较大，以及下跌的连续性不佳是这一天的主要波动特点。盘中两次幅度略大的反弹很容易将低成本的空单给清理出局，而下跌持续性不佳也很容易把没有耐心的投资者给折磨出局。

很多时候就是这样，有明确方向了吧，但价格波动形态又复杂了，如果没有好方法或是没有好工具，就算有方向，也未必一定可以赚到钱，这也就是许多投资者经常说的一句话：明明价格整体向下，我也是做的空单，结果却赔钱了。有效的方法不仅要捉得住大机会，也要捉得住小机会，而风险则必须都要可以及时回避得了，不要求说第一时间回避风险，但怎么着也得第二时间回避吧？而能满足这样要求的方法，您又掌握几个呢？

虽然价格的下跌过程曲曲折折，但从趋势监控指标的出击效果来看，对这一天信号的提示打90分绝对是非常客观的。大的下降趋势中，空单的机会一个也没放跑，而多单的机会也是一个不落的给出了提示。所以说，好的方法是赚钱的根本，而好的工具则是赚钱的保障，而方向这个要点也只有在好的工具面前地位是可以适当降低一些的。

沪锌1611合约2016年9月8日3分钟K线走势图（图3-14）。

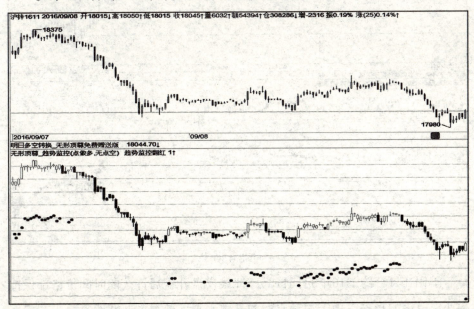

图3-14

沪锌1611合约2016年9月8日3分钟K线图中价格短暂的上涨之后，便形成了长时间下跌以及弱势波动的态势。简单的下跌形态好说，无论是追空操作还是做突破操作都可以实现不错的收益，与趋势监控指标的提示效果相比，无非就是多赚与少赚的差别而已。

而在价格下跌之后低位窄幅震荡，失去了明确的方向指引时，传统的方法在这一阶段就不会再出手交易，但如果使用工具进行操作又是另一个效果了。没有方向并不代表着价格没有波动，而只要价格存在波动就必然有获利的机会，空心带点的指标K线提示做多，实体的指标K线提示做空，下跌后的窄幅波动照样有办法实现盈利。

完全不理会方向的指引，在实战操作时要求投资者必须做到心平如水，不带有半点的感情色彩，一旦你感觉下跌时空方力量较大，也就会对指标发出做多信号时感到胆怯，这样就会影响交易的效率了。

沪铝1611合约2016年9月5日3分钟K线走势图（图3-15）。

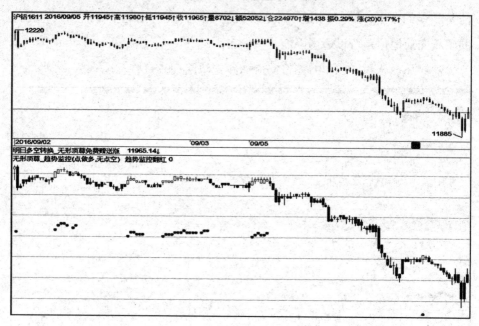

图3-15

沪铝1611合约2016年9月5日3分钟K线夜盘开盘后许久的时间价格都保持着小幅震荡的形态，由于波动重心的基本水平，使得方向感明显缺失，就严格的操作来讲，这一阶段完全可以放弃了，没有关注的价值。但如果使用趋势监控指标操作则又是一番状况了，虽然价格波动幅度不大，但依然存在着上下的波动，多单机会一个不落，空单一个也跑不了，就算没有方法做指引，也可以通过几次多与空的操作累积下满意的纯投机收益。

而在日盘期间，价格的波动形成了单边的波动方向，从K线图中来看，一旦有了方向，不管是用传统的交易方法，还是使用趋势监控指标，都可以轻松的把握住交易机会了。向下创新低的突破，下跌后的反弹，下跌过程中的追跌，三大做空方法都给了投资者中途上车的机会。而趋势监控指标更是在价格刚刚准备下跌的时候便及时给出了做空的信号，在大段的下跌过程中，一直提示着投资者要坚定的持有空单，好的工具就必须得让投资者及时的上车以及捉住大的盈利空间，同时小的获利机会也不能放过。

在不结合方向执行操作，只按着信号进行交易的时候，操作的次数肯定会有所增加，这个时候控制心态的变化就显得非常重要了，不管这一天交易了多少次，只要完全是按照信号执行操作，就都是正确的，绝不能因为交易次数的增多情绪上变得急躁，这可是操作的大忌。

第四节　止盈的策略

其实我很不喜欢写关于止盈与止损的文章，主要原因就是，这个内容不像实际的交易方法，有着种种看得见摸得着的条件。每个投资者对盈利的预期是不同的，像我就属于落袋为安类型的，我不求赚大钱，只要赚到了钱，我就会感到满足，行情走得大就多赚些，行情走得小就少赚些，能赚多少钱我们强求不来，这是市场给的。落袋为安在面对大波段的时候，不可能赚足行情，但在小幅震荡过程中，又可以表现的很好，有利有弊，无法两用。而总想捉大波段的人呢？小钱赚到后却不知足，大钱赚到手了还想赚更多的，贪欲无止境，除非价格真来波大的行情，否则要么就是利润完全回吐，要么就是本来赚了许多，到最终全回吐了，也是无法两全的事。止损也是这样，每个投资者的经济情况不同，就算经济情况相同，由于心态的原因风险承受能力也是完全不同的，这样一来，大家的止损差异就非常大了。而我不喜欢交易上有差异，我追求的交易是：具有统一技术理由的方法，十个投资者学习我的方法，大家的开仓点位一致，大家的止损点位一致，大家的出局点位也一致，这才是我所追求的效果，凡是有差异的方法我都懒得去费劲说些什么，一人一个样的操作方式根本不值得去浪费时间。

既然安排了这一节的内容，也需要就止盈这个问题说一些什么。我对止盈的看法是这样的：既然实现了盈利，什么位置平仓都是正确的，你觉得涨了不少了担心价格回落或是反弹可以止盈平仓；你觉得赚够了也可以随时平仓；你也完全可以按照技术信号进行止盈平仓，无论此时赚得是多是少，这些止盈的方式都正确。不管怎样止盈出来了，相比另一半亏损的投者来说，都是市场的赢家。所以，我对止盈并不看重，因为在我的交易理念里，是靠控制风险来实现盈利的，所以，我对止损看得比较重，而对止盈看得比较轻一些，那怕一笔交易我只赚五个点就跑，一天做个五六回，累积下来的盈利也就非常可观的。

在进行操作的时候，不光是产生亏损时心态会有变化，赚钱的时候心态也会发生变化，甚至有些时候赚钱的压力要比亏钱的压力还大，对于这种压力要正常看待，这是正常的生理反应，不要说什么克服之类没用的话，这是根本实现不了的事情。堵不如疏，找一个方法卸掉这个包袱就可以了。

我常采用的方法为：盈利达到一定程度的时候，先减半仓，余下的半仓死跟着指标的信号进行操作。只要在某个盈利点减掉了半仓，余下的半仓其实就没有一点风险了，大不了另半仓我平手出局，这样一来，靠着已平掉的半仓不照样实现了盈利？平掉的这半仓起到的作用就是卸掉了心理的包袱，只有在卸掉心理包袱的情况下，才有可能捉出一波超大的行情。期货上相对少一些，在股市中经常有这样的传说：一个人把几块钱的股票一路拿到了上百块，对类似的事我一向高度怀疑，想做到这一点只有二种可能，一是100万的资金我只买了1手，二是因为种种原因买了以后这段时间无法看盘，等能看盘的时候一瞧股价飞上天了。让你天天盯着盘，赚一倍你可能不跑，赚两倍不跑，三倍四倍、十倍不信你不跑，涨得时候你不跑，一个盘中大幅杀跌不信你不跑，盘中杀跌你不跑，来个一二个月的持续震荡回落不信你不跑。上涨过程中，必然会有一种形态的波动是你所承受不了的。这是因为只要你盯着盘，就必然会有情绪上的起伏，而情绪上的变化必然会影响你的交易行为。想要在交易时情绪上没有变化，只能是手中的持仓无论怎样变化一切都在预料之中，而这只有在卸掉心理包袱之后才可以实现。

看到此，各位读者朋友可以试一下我说的止盈方法，只要一用你就会发现，这是一个进可攻退可守的妙招。如果价格继续朝持仓方向波动，用另外半仓继续扩大盈利，这叫进可攻；如果突然反方向波动，最坏的情况就是以成本价出局，靠着已平掉的仓位赚钱，这就叫退可守。

豆一1701合约2016年9月2日3分钟K线走势图（图3-16）。

豆一1701合约2016年9月2日3分钟K线图中，价格出现了一轮空间不小的上涨行情与下跌行情。在实战交易的时候就是这样，价格波动幅度小对投资者的心态影响就小，价格波动幅度大其影响也就会大，而这种影响无论是盈利还是亏损都是会有的。

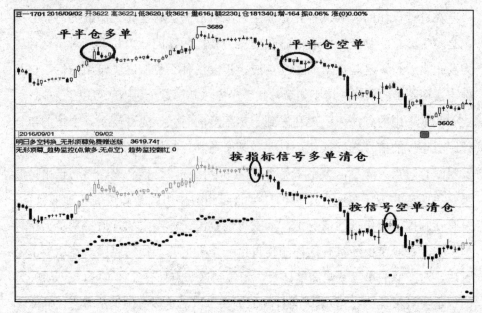

图3-16

按趋势监控指标信号在价格刚刚起涨或是起跌的时候开了仓，持仓过程中如果感到盈利的幅度已经开始对心态产生影响了，这个时候，不管价格处于什么位置，都可以先平仓一半，只要进行了平半仓的操作之后，这笔单子就绝对不可能再出现亏损，并且还把盈利时的心理压力全部卸了下来，完全可以以非常轻松的心态去面对价格的波动。

已平掉的半仓因为并未结合任何技术形态，只是为了卸下心态，所以，手中还未平掉的仓位就必须要严格按照指标信号来交易了，指标没有给出反转的信号，便可以一路持仓，这个时候就很有可能会用这部分仓位捉到一波较大的行情。

焦煤1701合约2016年8月18日3分钟K线走势图（图3-17）。

焦煤1701合约2016年8月18日3分钟K线图中，价格在连续震荡上涨之后，又转为了持续性下跌的走势，上涨的时候趋势监控指标捉齐了所有的多头波段，而下跌的时候，又基本上捉全了所有的下跌波段，指标的信号远比大量投资者的决策要更为精准，这就是工具的作用。

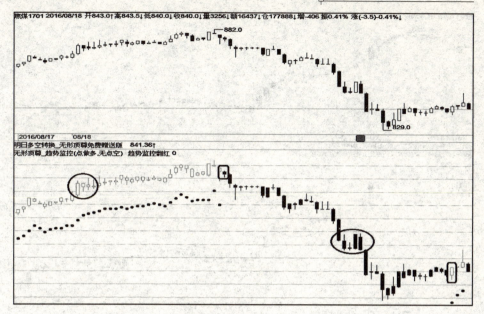

图3-17

在上涨过程中，我们并不会知道未来可以涨到什么位置，随着盈利的不断增多，心里的想法也就会变得多起来，一旦心态不平和产生了压力，就可以在任何部分平掉50%的仓位，以此换来稳定的情绪，在盈利与心态平和之间，笔者是永远会选择心态平和，只有保持平和的心态才有持续盈利的可能，一旦心乱了，所有的技术方法都不可能施展出来。

先平掉的50%仓位可以没有任何技术理由，只为减少思想上的压力，但余下的半仓就必须要严格按着趋势监控指标的信号进行操作了。一旦指标形成实体无点指标K线，便需要将手中的多单清仓（并开空单）；在持有空单的时间，一旦形成空心带点指标K线，便需要将空单平仓（并开多单）。

螺纹1701合约2016年9月7日3分钟K线走势图（图3-18）。

螺纹1701合约2016年9月7日3分钟K线图中，价格出现了一轮连续下跌的走势，从整体形态来看，其实波动的形态非常单一，这样的走势从技术的角度出来操作起来是非常简单的，传统的任何趋势类交易方法面对这种形态都可以帮助投资者实现不错的收益。

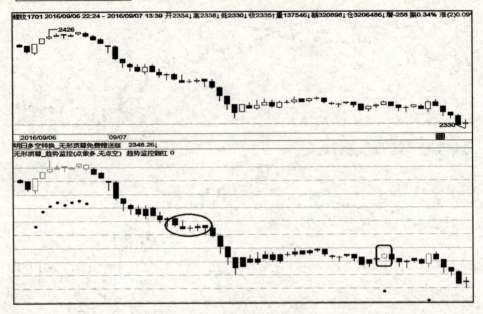

图3-18

在价格下跌的初期，趋势监控指标便及时地给出了翻蓝的提示(黑白图中为实心无点指标K线)，按信号进行交易之后，价格便快速回落，仅是第一轮回落所带来的收益也足以满足投资者日内投机操作的获利需要了。而随着盈利不断的增大，不同交易性格，不同收益预期的投资者必然会产生不同的心态上的变化，这是人的本性，完全用不着回避，化解压力的方法就是持仓平掉一半便可以了。

平仓一半执行后，手中的持仓就相当于"零成本"了，只要价格在持仓成本之上波动，就完全没有必要理会价格如何变化，只需要盯紧趋势监控指标有没有出局信号便可以，这样做起来简单、轻松、进退自如。

棉花1701合约2016年8月4日3分钟K线走势图(图3-19)。

棉花1701合约2016年8月4日3分钟K线图中，价格下跌结束之后出现了一轮持续上涨的走势，上涨的幅度较大，上涨的周期较长，由于K线形态并非是非常简单的，所以，任何一个部位的调整都有可能对投资者的心态产生影响。

放以前没有学习一阳这个交易策略的时候，大家可能就会在感受到压力时全部平掉了，一回头价格又涨了这么多，后悔死了。但有了这个进可攻退可守的交易策略，心态完全就可以做到非常平和了。只要感受到价格波动盈利的压力，那就可以在任何位置平仓一半，平掉的这半仓其实是做一个保护，确保这笔单子清仓的时候百分百盈利，没有了任何亏损的压力，心态是不是也就稳了下来？

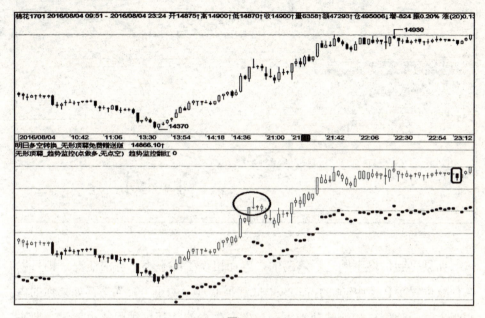

图3-19

假设在某个高点平了一半，接下来要做的事情就是盯死趋势监控指标的平多开空的信号：一旦指标翻蓝（实心无点指标K线）便需要将多单按技术平仓。进则会随着价格的进一步上涨，用手中未平掉的半仓继续扩大盈利；退则如果价格回落按信号出局，就算以成本价清仓的，靠着另半仓不还是有盈利吗？

橡胶1701合约2016年8月25日3分钟K线走势图（图3-20）。

橡胶1701合约2016年8月25日3分钟K图中，价格出现了一轮较大幅度的下跌行情，在下跌的中期阶段，震荡的开始变多，这就会对投资者的持仓造成考验，不过这种形态虽然会影响持仓，但同时也因为震荡的出现而留给了投资者新的逢高介入的机会。就笔者而言，其实我更喜欢震荡的行情，这种行情介入点多，随时都有插上一脚的机会；而形态单一的走势虽然说持仓容易赚钱容易，但想在中途插上一脚却并不容易。任何形态都有它好的一面，也有不好的一面。

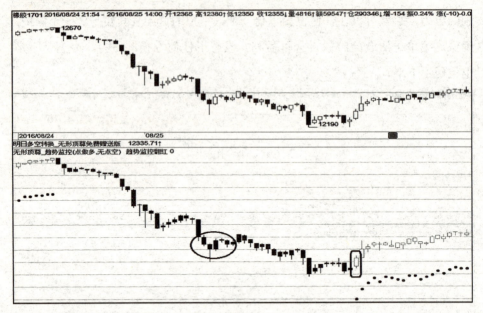

图3-20

如果受到价格下跌之后震荡的影响而出现了心态不平静的情况，则可以在任意位置平仓手中50%的持仓，以此卸掉心理上的压力。当然，如果你的内心强大，无论价格如何波动都不会对你产生影响，那这种手法也就没必要去使用，它仅适用于获利后心态上产生压力的朋友。因此也没必要去羡慕那些心态没有变化的朋友，心态的变化是人体内分泌变化的结果，这是完全不受人们主观控制的事情，交易要随心，绝对不要去强求。

平掉半仓之所以可以减轻心理上的压力，就是在为余下的仓位已经不会再有亏损的担心，也不会再有担心利润大幅回吐的担心，在你平仓半仓的时候，内心已做好了面对最坏结局的准备：另外半仓平手出局，靠之前平掉的半仓赚钱。最坏的结局都可以轻松的面对了，还可能是更好的结局又怎么可能会对你产生影响呢？

为了卸掉压力而平掉的半仓持仓可以完全不顾及技术形态，只求心里痛快，但仍然持有的仓位则必须要按照趋势监控指标的信号进行操作，只要有了平空开多，或是平多开空信号的时候，一定要及时清仓。减仓的时候必须是平掉50%的仓位，不可以少，少了起不到完全卸压力的作用，也不必多，因为没有这个必要。

第五节 止损的策略

止损在我的交易体系中是重中之重，我比较看重风险，而对收益看的比较淡，少赚一些不会被市场搞死，但止损技术不过关就得被市场彻底清理掉。但凡长久生存在市场中的成功者，反正我是没见过谁没有极强的风险意识的。而关于止损这一话题其实在第一章中已讲解过了，那一节的内容希望各位读者朋友可以背下来。

价格的介入点一旦形成，如果形态是真实的，绝对不会打穿止损位的，但如果形态是假的，不管你把止损设在那里（正常技术位的情况下），都会敲破你的止损位。所以，进行实战操作绝对没有必要回避止损这个问题，市场中有许多投资者都刻意回避止损的话题，认为做亏了怪丢人的，特别一些所谓的高手和名人居然也是这样，这简直太可笑了，不是赚钱就是亏钱，还有第三条路吗？回避止损就是对市场的认识极其不成熟的表现。对于正常的技术性止损，其实也就是市场形态走失败而造成的止损，根本用不着去总结什么，这些止损在操作总结中是完全可以忽视的。只有对那些因自身判断问题导致介入点不恰当而造成的亏损，才有必要总结一番，止损的性质在你心中一定要清清楚楚，并不是所有的亏损责任都在于你，当然，这句话也绝对不能成为你亏钱以后自我安慰的借口。

止损有那些交易的策略呢？

首先，止损的幅度你必须在心理上可以承受，比如一笔单子5万的亏损，有的投资者完全可以承受，但有的投资者就无法承受这么大的亏损，那这个位置所对应的技术形态就不适合你了。止损的幅度可以承受这是制定止损的第一要务，脱离这个条件而去谈止损都将是空谈。

其次，止损的出现必须要在开仓位确定之前，或至少也要与开仓位同时出现。如果你已经完成了开仓，但却不知道该把止损位设在那里，那你这笔交易肯定是盲目的，是对自己资金不负责的恶劣态度。止损不能让你赚到钱，但它却可以保证你在市场里死不了，你敢在市场里开一辆没有刹车的车，我只能佩服你的傻冒精神。

再次，止损的设定一定要留给价格合理的波动空间。3000元开的多单，2999元为止损位，的确亏损幅度太小了，但这却是毫无意义的事情。既要亏损在可承受范围内，又要留给价格足够的波动空间，这个度需要根据不同的形态灵活设定，不同的形态其需要的合理波动空间是不一样的。

再其次，止损位修正是允许的，但有一个前提：必须把止损的幅度往小里修正，而绝对不能把止损的幅度越修正越大。许多亏损的投资者就是这样做的，亏到了5000元不舍得止损，修正到10000元，亏到了10000元不舍得止损，又修正到20000元……一番修正下来造成了无法弥补的巨大亏损。正确的修正方式是这样：预定的亏损幅度是亏损10000元钱，随着价格波动修正为亏损5000元出局，又随着价格波动修正为亏损3000元出局……这才是正确的止损位的修正方式。

最后，止损的大与小我们是可以做选择的，比如这个品种的止损幅度太大，超出了我们的承受预期，那就可以挑选其他止损幅度适中的品种，而不是说什么样的技术形态都值得去做。有的时候，有方向但没介入点形态，你不能操作；有的时候，有介入点形态，但止损太大你也不能操作……所以说，各方面的细节都要考虑到，所有的细节自己都认为妥当这才可以下单。

投资者在学习的过程中，可能会接触到其他所谓的各种各样的老师，但记住一点：如果一个人给你说教，在他的方法里从不汲及止损的话，千万要离他远远的，千千万万别上他的车，因为他的车只有油门没有刹车。

环境、方向、目标、止损、开仓点形态的确定，这些技术的综合分析你可不要有足够的时间让你在那里，更多的时候，你在几秒钟的时间内就必须得出一个结论，正是笔者所说的：集万变于一身，汇千谋于一瞬。不然呢？你以为钱就这么好赚吗？别太天真！如果您对本章内容有不理解的地方，均可与作者团队进行联系(联系QQ：987858807)，将会就您的困惑进行回复。界时会有更多的操作技巧视频提供给您，同时还有每周二次新内容的视频课程更新，相信这些视频课程会进一步提高您的实战水平。

※ 第四章　交易点位把握 ※

　　在对多空环境做出判断、挑选出眼前最适合进行交易的目标对象、确定好了交易方向、制定好了当前形态下的止损位之后，接下来的事情就是寻找具体的介入点了。交易点位的确定最后在实战分析流程中排名靠后，但却是一项十分核心的分析工作，它的细化程度决定着投资者的这一笔交易是否可以大概率的盈利。在这个市场里，赢家与输家最大的差别其实就在于交易点位的把握上，赢家总是可以找到非常好的介入点，而输家的介入点则总是设置的非常糟糕。所以，对于绝大多数投资者来说，想要实现盈利，除了前几项分析流程一定要做到位以外，还必须下大力气把交易点位的设置这项技术全面且熟练地掌握。

　　价格的波动形态多种多样，有能力的投资者学习的解决方案越多自然越好，这样就可以把握住更多的盈利机会了。而如果学习能力相对差一些的投资者也没有关系，哪怕只掌握了一个交易的方法，只要坚持去用，也可以实现盈利，笔者是绝对提倡"一招鲜吃遍天"这句话的。

　　本章所讲解的交易点位的把握并未把统一要求的止损位进行讲解，并未写出，但绝不代表没有。主要是考虑读者朋友的交易风格各异，面对相同的形态大家的理解可能也各不一样，就算是一致的介入点，止损位的设定也可能会有很大的差异，所以，这些方法的止损位或是止赢位各位朋友根据自己的情况自行设置。开车不仅要系安全带，更要检查一下刹车。

　　本章为各位读者朋友介绍几种常规的确定介入点的操作技巧，以及一个笔者当前进行实战操作所使用的核心操盘技巧，笔者相信这些方法对各位读者朋友的实战必然可以起到极大的帮助。

第一节 五日变值

五日变值笔者最早先是用于股票的日线交易，因为做股票的时候都是看日K线，所以也就习惯性的把这个方法称之为：五日变值，放在期货交易上应当称之为是：五周期变值，这个周期你可以用于3分钟K线，也可以用于5分钟K线或其他任何周期的K线。

五日变值方法只使用MACD指标便可以了，具体操作时以查看指标柱体为准，这是因为有的时候MACD指标线会缠绕在一起，看线体的话视觉效果上可能要差一些，而看柱体变化则比较直观，可以很容易地看出有MACD指标有没有形成金叉或是死叉。

五日变值的要点：

(1)做多，要求价格趋势向上，不能形成箱体震荡或是下降的趋势；做空，要求价格趋势向下；

(2)价格上升趋势中随着调整走势的出现，MACD指标形成了死叉，但在最晚第六根K线时，随着调整的结束，MACD指标重新形成了金叉，指标可以保持5根K线的空头排列状态；

(3)价格形成下降趋势时，MACD指标随反弹形成了金叉，反弹的结束下跌的开始又使得MACD指标重新形成死叉，由金叉重新转变为死叉的时间在5根K线之内，也就是最晚第六根K线必须重新形成死叉。

一旦指标柱体在最晚第六根K线时变值成功，便可以入场进行操作了。为什么要求必须是五日变值，为什么不能是六日或是四日？这个方法的思路是这样的：五日只是说明时间短，只要满足了这个要求，四日六日都可以，并非说非得定死在五日；价格调整时间短，是多方力量强大的体现，多方根本不会留给空方足够长的时间进行调整，所以，这就是时间背后的含义。通过对时间进行要求，还可以限制价格调整或是反弹的幅度，如果价格调整的幅度深，将无法在最晚第六根K线时把MACD指标重新转变成为金叉，而能在短时间内让形成死叉的指标重新转变成为金叉，则意味着调整的幅度必然不能太大，而调整幅度不大便意味着空方力量小，在空方力量小的情况下进行做多操作，获利的概率自然就提高了。

豆一1701合约2016年8月25日3分钟K线走势图（图4-1）。

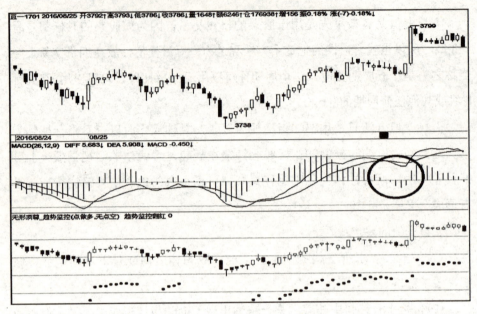

图4-1

豆一1701合约2016年8月25日3分钟K线图中，价格震荡见底之后开始上涨，上涨到中途的时候，出现了调整的走势，只要上升趋势确立，调整的出现都意味着又一次做多机会的到来，所以投资者一定要用欣喜的心情面对调整的出现。

随着调整的进行，MACD指标形成死叉，从指标柱体来看，空头的状态只保持了四根K线（四根负值的蓝色指标柱体），在第五根K线的时候，随着价格的上涨，MACD指标又重新形成了金叉，指标柱体同步变为正值状态。由死叉转变成为金叉只用了总共五根K线，这便是五日变值的标准技术形态。

一旦发现MACD指标在较短的时间内由死叉重新转变成为金叉，便需在盘中发现这一现象的时候入场做多，好的方法总是可以捉到机会，你需要的就是发现的眼睛和相信方法的坚定信心。

棕榈1701合约2016年9月2日3分钟K线走势图（图4-2）。

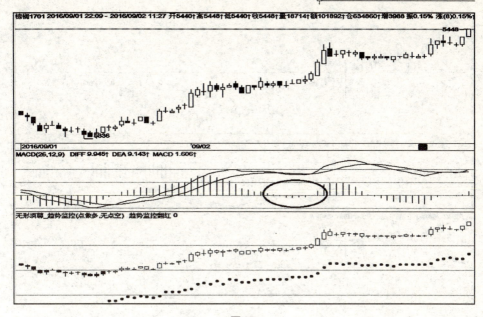

图4-2

棕榈1701合约2016年9月2日3分钟K线图中，价格上涨到中途以后出现了一次调整的走势，就这个调整形态来看，就算不使用任何方法进行分析也是知道价格上涨的概率是极大的，这是因为价格调整过程回落的幅度非常小，回落幅度小意味着空方的力度弱，空弱则多强，自然价格上涨的概率大。

随着调整的延续，MACD指标形成了死叉的走势，但是，空头状态只保持了四根K线，在第五根K线的时候，指标又重新形成了金叉的状态，这意味着做多买点的到来，当发现MACD指标柱体由负值变为正值时，就需要及时的入场操作。能够在最晚第六根K线就变过来值的，都说明当前趋势方向的力量极大，价格延续当前趋势方向的概率自然也是很大的，这个点位绝对值得进行操作。

想要让MACD指标的死叉能够在最晚第六根K线时变过来值，调整深了可是做不到的，因为这么短的时间价格不可能回来，只有调整的幅度小，价格的上行才可以轻松地把指标柱体的值给转变过来，而调整幅度小的技术形态肯定就是开仓做多最有底气的技术理由。

白糖1701合约2016年9月1日3分钟K线走势图（图4-3）。

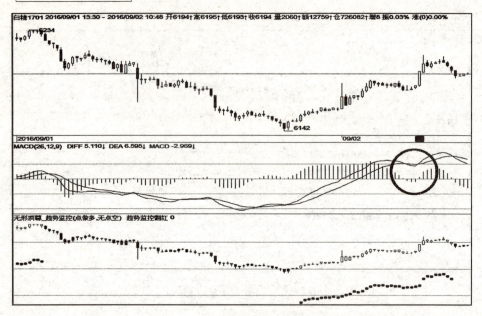

图4-3

白糖1701合约2016年9月1日3分钟K线图中，价格连续的下跌之后，形成底部并开始上涨，初期的上涨过程中，传统的方法并没有好的介入点，直到出现了一次周期略长的调整以后，介入的形态才随之出现。

受到价格调整的影响，MACD指标随之形成了死叉，但由于调整很快结束，价格又重新涨了上去，所以，指标又在很短的时间内重新形成了金叉，从指标柱体的变化可以看到，空头状态只保持了三天，而后柱体便又再度翻红给出买入的信号。由多头状态转变成为空头状态，而后在最晚第六根K线的时候重新转为多头状态，这便是五日变值的买点信号。

五日变值其实就是捉那些调整幅度小的形态，只不过如何去描述调整幅度小这个现象呢？只好借用指标来定一个统一的标准，凡最晚第六日能变成值的都是强势形态，变不过来的就属于弱势放弃形态。

白糖1701合约2016年8月4日3分钟K线走势图（图4-4）。

白糖1701合约2016年8月4日3分钟K线图中，价格出现了连续下跌的走势，下跌的整体形态较为简单，特别是反弹的走势更是容易让人捉到中途的介入点，这样的行情既容易让投资者把握住，还又容易实现较高的日内投机收益。

在价格下跌的过程中，随着反弹的延续，MACD指标形成了金叉，但是，多头状态的指标柱体仅保持了五根K线的时间之后，便又随着价格的回落重新形成了死叉，在五根K线的时间范围内指标由金叉转变成为死叉，这便是五日变值的做空信号，当发现指标变值成功的时候就可以入场做空了。

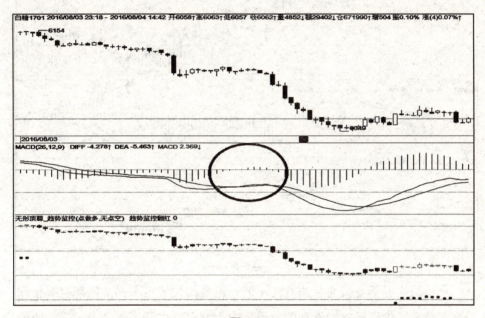

图4-4

从K线的形态来看，价格在反弹的过程中，反弹的幅度非常小，也正是因为反弹的幅度较小，所以，指标才可以在较短的时间内轻松的扭转数值，而反弹幅度小不正意味着多弱而空强吗，做空自然就容易赚到钱了。

焦炭1701合约2016年8月18日3分钟K线走势图（图4-5）。

焦炭1701合约2016年8月18日3分钟K线图中，MACD指标先后给投资者提供了两次五日变值的操作机会，多单的五日变值后价格上涨，空单的五日变值形成后价格下跌。其实五日变值这个方法不仅在期货市场运用非常有效，在股市中去使用它，也依然会有非常不错的效果，并且股市个股数量近3000只，五日变值的技术形态就更多了。

上涨过程中价格调整时使得MACD指标出现了死叉，但空头状态仅保持了三根K线，而后价格的上涨又带动着指标重新形成了金叉。下跌的中途同样也是类似的形态，价格的反弹带动MACD指标形成金叉，但反弹结束随后的下跌指标很快形成了死叉，而这一次时间则更短，多头状态仅保持了一天，由此可见，多方的力量是多么的虚弱。

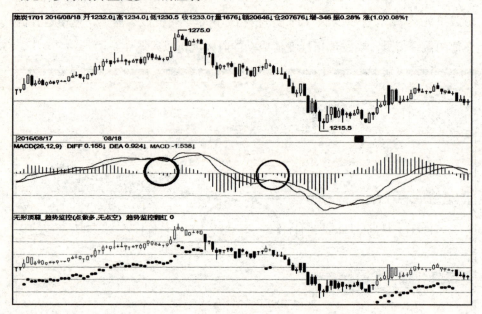

图4-5

　　虽然两次五日变值交易的方向不同，所处的位置也不同，但都有着相同的技术特征：价格反方向波动的时候，力度都非常虚弱，正是由于反方向的力度虚弱，才使得正方向的波动可以很好地延续下去。

　　MACD指标的五日变值技术形态只是外表，因为最容易直观的识别出来，而其内在的要素投资者也一定要理解。真正成功的投资者脱离了任何指标、任何工具都可以进行交易，因为每一种形态的核心要素都在我们的心里。

第二节　刺破关键点

刺破关键点这个方法最好是用于股指期货交易上的，因为股指期货的波动活跃性越高，使用这种方法进行操作成功的概率会更高。但由于后来股指期货的交易受到了限制，其活跃性大大的降低，这个方法也就不再适用于股指，可以用一些波动活跃性高的商品期货来代替。

价格的波动活跃性越高，那么刺破关键点这个方法的成功率也就会越高。波动活跃性高，价格达到某个临界点时就容易顺顺利利地通过，而刺破关键点要的就是这种利索劲。因此，对于波动活跃性不高的品种，投资者最好不要使用。

这个方法原是笔者五套日内投机交易模式中的一个方法，后来因为五套日内投机交易模式的操盘方法进一步升级，可以覆盖追涨、突破、中继交易、抄底摸顶、箱体震荡五大波动形态，整个市场的波动仔细想想其实也只有这五种形态，根本没有第六种，而交易的手法也升级为五大形态12种获利方案。在有了比刺激关键点更加有效的方法之后，刺激关键点这个从未公开说过的方法，也就可以和各位读者朋友见面了。虽然说有了核武器，但你也不能说传统的大炮就不好使了是不是？

在日内交易的时候，有两个关键点：一个是昨日结算价；一个是均价线。昨日结算价这一整天都不会变，一个不会变化的东西又怎么能成为关键点呢？的确，昨日结算价从本质上讲其实并没有什么重大的支撑与压力的作用，这一点相比均价线可差得多了，但是它决定着价格是翻红还是翻蓝的。如果你做持多单，应当也是希望看到处于翻红状态吧？反正我手持多单很不希望看到价格处于翻红状态，就算价格是低开以后的高走，在价格翻绿状态下拿着多单也不如在翻红状态下拿着多单舒服。所以，昨日结算价的意义在于对市场的心态产生影响，而均价线之类的在心态方面的影响就要小一些了。正由于昨日结算价可以影响投资者的心态，故此，在实战操作的时候，价格一旦到达这个位置就需要重点进行关注。

均价线做为关键点就容易理解了，因为它是多空分界线，价格在均价线上方便意味着处于多头波动状态，价格在均价线下方便意味着处于空头波动状态，在这个重要的多空性质的转折点，自然需要多多的注意了。

价格到达关键点的时候，要么会就此打住，要么会一口气地越过关键点。而多数情况下，价格到达这个关键点为的就是越过它，所以，也就提供了相应的操作机会。这种方法在价格宽幅震荡过程中，价格由空转多或由多转空时使用效果非常好，但如果价格这一整天单边波动也就没有用武之地了，因此，刺激关键点是一个辅助交易的手段，平时不以它为主，赶上了市场出现这种形态就去做一下。

豆一1701合约2016年7月7日走势图（图4-6）。

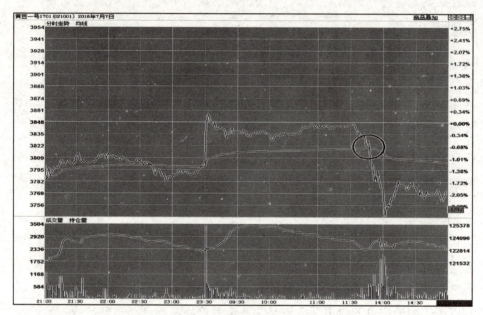

图4-6

豆一1701合约2016年7月7日出现了上下大幅震荡的走势，这样的走势用趋势性的方法做效果一般，但如果用刺破关键点方法来做的话，则有很好的获利机会了。昨日结算价这个关键点一直不变，均价线则会在盘中保持变化，因此，均价线的值就以当前最新数据来执行操作。

从图中的走势来看，7月6日夜盘22:40分左右有过一次小波动的刺激关键点走势，价格向下跌破了均价线，而在夜盘临近结束时也有过一次刺破关键点的走势，但是，因为临近收盘，从日内的角度来说，此时不应当开仓，同样日盘开盘后价格快速上冲并突破昨日结算价，此时也是不应当开仓的。到了下午的时候，分时线向下顺利地刺破了均价线的支撑，破位点便是开仓点，这一段的形态也构成当天的主要利润段。

在上午11点的时间段内，价格离昨日结算价非常近，但就是不向上突破，一直在那晃，这样的技术形态也恰反映出昨天结算价这个较为关键的点位是值得引起关注的。不见关键点的价格就不能开仓，见到就要毫不犹豫地执行操作，开多单时，可以是关键点的价格本身，或者也可以增加一个点的滑点；开空单时，也可以向下减一个点的滑点。

白糖1701合约2016年5月6日走势图（图4-7）。

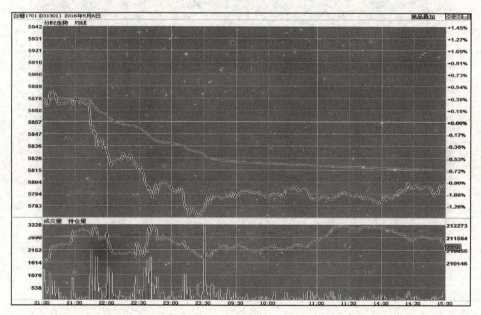

图4-7

白糖1701合约2016年5月6日价格在盘中出现了震荡下跌的走势，这种走势对于投资者来说介入的机会是非常多的，顺势的所有交易手法都可以在这一天的走势中轻松找到介入点。只不过由于分时线自开盘以后绝大多数的时间一直位于均价线的下方，所以，刺破均价线这个关键点除了早开盘那阵的机会以外，其余的时间都没有操作的机会了，由这个案例可以得知，如果价格趋势较为单一，不管那个关键点都没有机会交易。

夜盘期间经过了四十多分钟的震荡之后，价格放量向下下跌，并顺利地跌破了昨日结算价，实战时一定要留意关键点是有两个，而并非一个，没有了刺破均价线的交易机会，并不代表没有刺破昨日结算价的机会，因此，在价格向下跌破昨日结算价的时候，应当及时地入场进行做空操作。

价格下跌过程中会有多种波动形态，如果所学的交易手法丰富，那无论价格如何波动都有办法实现盈利，技多绝对不压身，但技少则必然会吃亏，许多投资者就吃了技少的大亏，但却依然死不悔改。

白糖1701合约2016年5月12日走势图（图4-8）。

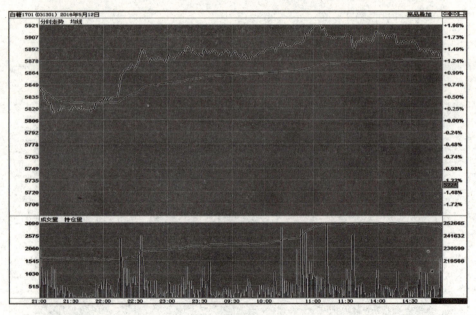

图4-8

白糖1701合约2016年5月12日价格在盘中高开以后略做回探，便展开了一轮震荡上涨的行情，由于价格一直高于昨日结算价处于翻红状态，因此，刺破昨日结算价关键点的技术形态就没有机会运用了。

价格下跌之后形成了一个横盘的走势，其实从此时的技术特征来看，价格下跌的概率还是比较大的，下跌力量大反弹力量小，谁也不能说此时价格将会上涨，因此，这个时候做了空单绝对是正确的。小幅反弹了一段时间后，价格放在温和放量的情况下向上突破了均价线，又重新回到了多头状态之中去，这个时候，空单就必须要止损了，以及还要在分时线向上突破均价线的时候及时地入场开多单，因为刺破均价线这个关键点形成了。

多数情况下空单的止损点往往就是多单的开仓点，既然不能留着空单那肯定就可以拿着多单，因此在执行止损的时候，绝对不要光想着止损，还要看一下是不是在止损空单的同时又出现了做多的技术形态。

橡胶1701合约2016年7月6日走势图（图4-9）。

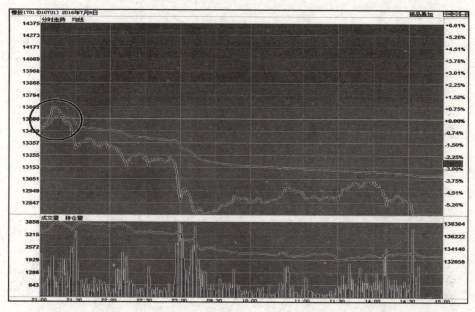

图4-9

橡胶1701合约2016年7月6日出现了整体单边下跌的走势，夜盘与日盘90%以上的时间分时线都在均价线的下方，这就意味着如果只使用刺破关键点这一招，就很难在价格持续震荡下跌的过程获得更多的收益机会了，刺破关键点是一种辅助交易形态，不建议将其作为主要操作手段。

夜盘开盘的时候，价格处于低开状态，而后快速上冲突破了昨日结算价这个关键点，这便构成了一次做多的机会。上冲结束价格回落时双双跌破了两道关键点：均价线与昨日结算价，此时操作时，可于跌破均价线时开仓，再跌破昨日结算价时加仓，这样一来，两个关键点的介入位就会打进去仓位了。

早盘运用了刺破关键点进行操作以后，便再没有了这样的交易机会，后边的波动中就要采取三大种常规操盘方法了：突破、逢高做空以及追空，这三大手法为主，刺破关键点为辅。

PP1701合约2016年9月20日走势图（图4-10）。

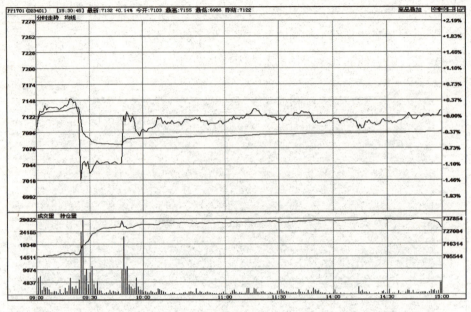

图4-10

PP1701合约2016年9月20日价格形成了快速波动走势，其实盘中极大幅的震荡属于是极常走势，在总结常规作战方法的时候，这样的形态是没必要浪费时间分析的，一年也见不了几回，超小概率的事件不必过分关注。

常规的技术手法虽然较难在这种走势上把握住机会，但是，刺激关键点手法却可以在面对这种形态的时候表现的不错。早开盘分时线震荡上行得好好的，突然快速下跌，先是跌破了均价线这道关键点，而后又跌破了昨日结算价这道关键点，先后给了投资者两次做空的机会。而后价格快速的反转上涨时，又给投资者留下了一次刺破均价线关键点的介入机会。

对于价格波动异常的走势，在常规手法不能及时跟上的时候，辅助手法的威力也就体现出来了，所以说掌握的操作技法越多，价格不管形成什么样的波动形态都可以从中赚到收益，高手与新手的区别除了交易技巧的各项细化工作做得比较好以外，应对形态的能力也是两者重要的区别。

使用刺破关键点一定要切记：它只适用于波动活跃的品种，波动呆滞的切不可使用。同时实际操作时，由于价格很多时候到达这两个位置时速度会很快，有可能会开不成仓，开不成的就算了，不建议去追空或追涨，关键点就是那个价格，滑一个点能接受，滑的太多就不是这种方法本身的介入点了。

第三节　趋势逆转交易技巧

价格的趋势逆转形态有多种变化，比如V形逆转，震荡逆转等，不同的逆转形态便有不同的操作手法。本节所讲的趋势逆转交易手法，在新版五套日内交易模式成型之前，也是笔者其中一个不曾公开的操作技巧，因为一旦形成这种技术形态，伤害力真的是太大了，可以轻松的就识别出价格后期的波动性质。

趋势逆转走势的核心只有两句话：

(1)上涨逆转为下跌的走势：下轨支撑中轨压，价格一路直往下（或上轨压，而以中轨压为最佳）；

(2)下跌逆转为上涨的走势：上轨压力中轨撑，大阳不断势连升（或下轨撑，但以中轨撑效果最好）。

那是不是价格由上涨转为下跌时，只要下轨撑，中轨压了以后，就可以做空了？这也不是的，这种形态的出现只完成了前半部分，意味着价格很大的概率难以上涨，但难以上涨并不等同于下跌，所以，还需要价格的波动再完成一个动作：必须向下完成突破，也就是跌破刚才受到下轨支撑的那个低点，只要完成了这个突破的动作，就意味着价格就要开始下跌了，这个点就是可以入场开空的点。

黄金1612合约2016年9月7日3分钟K线走势图(图4-11)。

黄金1612合约2016年9月7日3分钟K线图中，价格连续上涨之后，开始形成了疲态，虽然整体波动重心并未下降太多，但是布林线中轨向下意味着上升趋势已经结束。在指标中轨给出了明确的方向以后，投资者的交易方向必须改变。

在价格由上升趋势转变成为下降趋势的时候，K线形态的波动是非常标准的，价格先是回落到了布林线指标下轨的位置，在此时获得了支撑，而后开始反弹，反弹的高点到了布林线指标上轨压之后便开始了回落，此时便是起跌点。在跌破了受到下轨支撑的低点时，便可以入场进行做空的操作，这种形态表明价格已彻底进入了空头的波动状态。

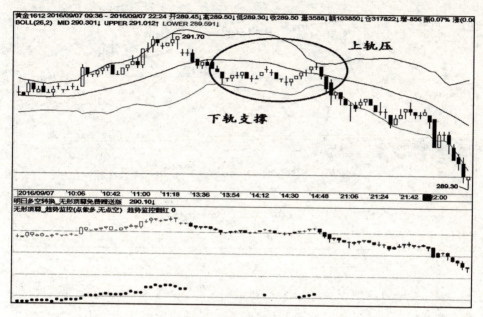

图4-11

在实战操作的时候，价格的压力位越低，便意味着空头的特征更明显，中轨产生的压力作用肯定要比上轨好，但在中轨向下的时候，上轨则是空方的最后一道防线，所以，只要价格没有向上突破这个位置，上轨产生的压力也视为是有效压力。

沪铜1611合约2016年9月7日3分钟K线走势图（图4-12）。

沪铜1611合约2016年9月7日3分钟K线图中，价格上涨之后出现了较长时间的震荡走势，多与空都没有明显的可操作形态，面对这种走势投资者唯一能做的事情就是耐心地等待交易机会的出现。永远不要走在趋势形成之前，顺势的另一层意思是跟着形成的趋势走。

经过较长时间的震荡之后，终于出现了典型的趋势逆转形态：价格回落受到了下轨的支撑，而后的反弹又受到了中轨的压力，形成了下轨支撑中轨压的趋势逆转形态。这种形态的出现并不是说就可以直接操作了，而是高度警惕交易点位的到来，一旦价格向下跌破下轨支撑的那个低点就可以入场做空了。

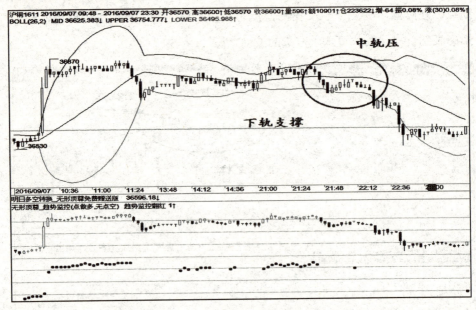

图4-12

如果不能有效地识别出这种变盘的技术形态，就无法在价格下跌的初期阶段把握住交易的机会了。介入点的位置一定要设定清晰，绝不能为了贪图更高的做空价，而在中轨受到压力或上轨受到压力时做空，我们要在最恰当的时候入场操作，而不是追涨在最高或最低的点位入场。

甲醇1701合约2016年8月25日3分钟K线走势图（图4-13）。

甲醇1701合约2016年8月25日3分钟K线图中，价格下跌之后出现了蓄势而后逆转向上的走势，在没有接触一阳这个识别价格趋势逆转走势方法之前，又有多少投资者能判断出来价格后期将会上涨呢？

那么，甲醇的价格是如何逆转向上的呢？价格下跌后反弹，先是触及了布林线指标上轨的压力，在受到压力的时候，价格出现了回落，绝大多数情况下，价格第一次触及压力的时候，就算后边要涨，也会垂一下头的。回落到了布林线指标中轨的时候，中轨的支撑作用起到了效果，而后在中轨支撑的促使下，价格突破了之前受到压力的高点，而后逆转向上一路飙升。

一旦发现上轨压力中轨撑这种技术形态时，就需要做好入场操作的准备了，只要价格向上突破受到压力的高点，就需要开多单。就这个案例来说，在突破点介入之后，又有几种止损的方法呢，您能不能总结出来？

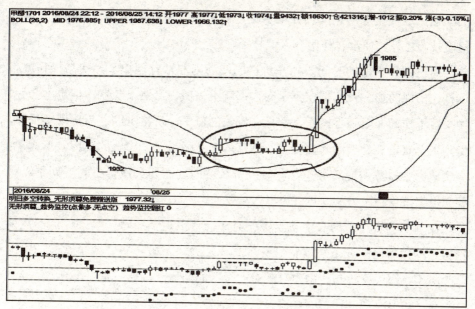

图4-13

动煤1701合约2016年8月11日3分钟K线走势图(图4-14)。

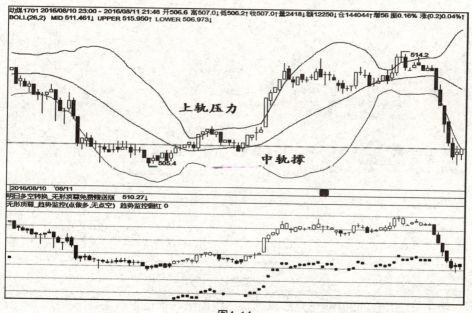

图4-14

动煤1701合约2016年8月11日3分钟K线图中,价格在最右侧的时间段内,形成了较为凌厉的逆转走势,直接以连续大实体阴线的方式完成了趋势方向的变化，这种技术形态其实并不多见，而且除了运用笔者五套交易模式中的追空技巧之外，便没有任何介入信号了。

而在图片中部的时间段内，价格的波动则非常有规律了，实战操作就是这样，出现的形态我们把控不了的，那就不去做，虽然不赚钱，但也不会亏，如果看不懂却非要强行操作，那只有亏钱的份了。价格下跌之后出现了反弹，受到了上轨压力之后回落，但是，回落的低点又受到了中轨的支撑，形成了：上轨压力中轨撑的逆转形态，此时投资者就需要密切关注价格的波动了，只要向上突破受到压力的高点就可以入场操作。

在判断上轨压力的与中轨支撑的时候，可以适当放宽一些条件，不是说价格正好挨着上轨或下轨就正好有了支撑压力，突破一些，或是跌破一些这都无所谓，因为支撑与压力本身就是一个区间的概念，而不是一个具体的点。

豆一1701合约2016年8月25日1分钟K线走势图（图4-15）。

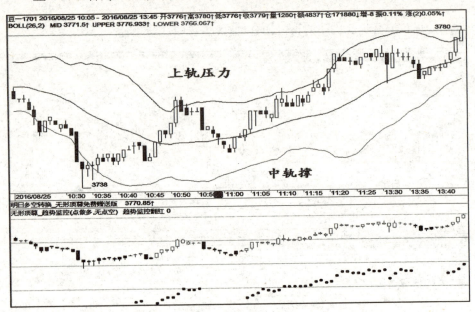

图4-15

豆一1701合约2016年8月25日1分钟K线图中，价格下跌之后形成了经典的逆转形态，而后便展开了一轮持续上涨的走势，想要获得更高的收益，就必须要破解价格于何时逆转上涨的这个关键的点位。

价格下跌之后反弹，高点受到了上轨的压力，虽然说向上顶破了一下上轨，但压力位的确在这个点上的。随后价格出现调整，但是，调整的低点跌破了中轨，在中轨方向向上的时候，下轨就是最后一道防线，只要下轨不破多头形态就是存在的。随后价格又回到了中轨上方，则可以说中轨产生了支撑。这个案例无论是压力点还是支撑点，其实形态都并不规范，都是打穿一下的，在实战时，必须要完全包容这些并不是太规则的形态，大致的意思正确那就可以了。

在形态的识别上条件可以放宽一些，而在介入点细节上必须要精细，价格不向上突破之前受到压力的高点便不能入场，不形成突破也便意味着，价格暂时性的不会跌了，但在未突破前，想涨也是不可能的，只有向上完成了突破的走势，才可以开创出上行的空间。

第四节　最佳突破点

突破走势是市场中每一个高手都会使用的一种交易方式，这是因为在所有的波动形态之中，唯有突破形态是必见形态，除了突破形态之外，其他任何形态都并不是非要出现的。比如W底，还有的是其他形态的。但是，价格如果想持续上涨或是下跌，就必须要形态向上或向下的突破，突破走势是价格绝对绕不过去的。遗憾的是，绝大多数的投资者却对这种必见形态没有任何获利的解决方案，这是非常可惜的事情。对于突破方法，笔者在进行全面的突破战术培训时曾说过：只此一招，获益终身。说的就是这个道理，既然唯有突破走势才是必然会出现的形态，那么只要全面掌握了突破交易手法，只用这一招就完全可以在市场中实现盈利了，这一点笔者是极有信心的。

突破走势本身其实没什么神秘，创新低的那个点就是突破，创新高的那个点也是突破，不同的之处就是一轮下跌或上涨行情会有多个突破点，哪个是最安全，不同位置的突破形态其操作的策略也是不同的，有的可以积极开仓交易，有的则需要放弃，哪些突破形成成功率最高，突破失败了如何止损等等，还有着许多的细节点，只有把这些全部的细节搞清楚了，突破的操作才可以称得上是受益终身。

本节就为各位读者朋友讲解其中的一个细节：最佳的突破位。如果每一位读者朋友都可以坚决只在这一个位置进行突破的操作，笔者可以确保：你绝对不会再亏损了，只存在赚多赚少的差别（小前提是全部的细节都需要掌握）。在价格单边上涨时，最佳突破位的机会只有一个，同样，单边下跌时这种机会也只有一个。但是每天只要捉到一次这样的机会，对于日内交易来说，已是完全足够了。

最佳突破位有什么样的技术特征呢？有以下两点需要牢牢记住：

(1)布林线指标中轨由上升转为下降时，价格第一次向下创新低的位置；

(2)布林线指标中轨由下降转为上升时，价格第一次向上创新高的位置。

确定最佳突破位的核心就是布林线指标中轨的转折,在实战操作时,只要中轨发生了方向上的转折,也就意味着价格的波动留给了我们绝佳的交易机会,此时一定要牢牢盯紧第一次形成突破时的走势,一旦价格见到新高或是见到新低便需要入场操作。

动煤1701合约2016年9月13日3分钟K线走势图(图4-16)。

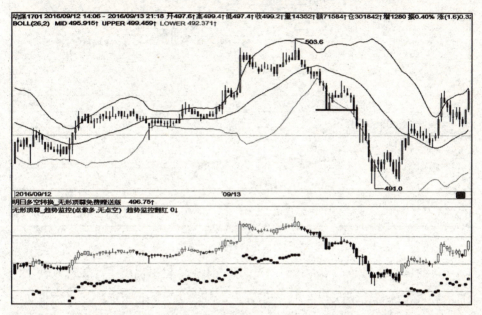

图4-16

动煤1701合约2016年9月13日3分钟K线图中,价格经过连续的震荡上涨之后,转为了下降的趋势,随着价格的回落,布林线指标中轨也由之前的上升趋势转变成为了下降趋势,一旦发现布林线指标中轨发生了转折的现象,就要敏锐地意识到:交易的机会到来了!

价格的波动总是呈现这样的规律:下跌、反弹、再下跌,多空双方就好像下棋一样,你下一手棋,我也落一个子,彼此交替着出现,下跌过后必然会出现反弹的走势,一旦反弹走势出现,机会就近在眼前了。

短线的反弹过后,价格向下创出了新低,创新低的点位就是可以入场做空的点位,所以有的突破类型的操作都是在这个点介入的,在这个技术细节上没有任何差别。但由于此时价格的向下创新低是布林线指标中轨刚拐头向下之后的第一次,所以将其称之为最佳突破位,这个位置形成假突破的可能性要低得多，是最为值得投资者交易的技术形态之一。

菜油1701合约2016年8月25日3分钟K线走势图（图4-17）。

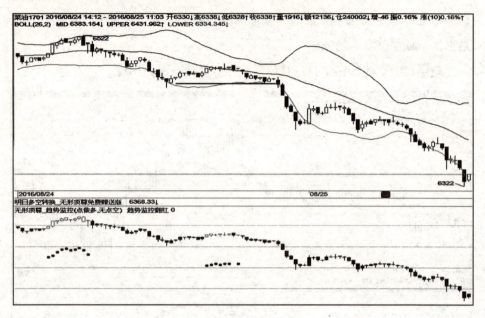

图4-17

菜油1701合约2016年8月25日3分钟K线图中，价格出现了一轮持续性下跌的走势，在这一轮下跌行情中，出现了多次破位创新低的走势，虽然说每一次的突破都是成功的，投资者在创新低的那一刻入场操作都可以实现盈利，但是，哪个位置的突破才是最值得操作的呢？

从图中的走势来看，在布林线中轨走平的时候，向下的突破就已开始了，但由于此时中轨并未给出明确的方向，所以，第一次出现的向下创新低的走势并不能入场操作。随后在中轨明确向下的时候，价格出现了一轮反弹，这个时候的反弹就需要重点关注了，因为白棋落子以后，就该由黑棋的一方出招了。

反弹一段时间以后，价格开始回落并慢慢接近创新低的点位，一旦价格向下突破创出新低，便可以在此开仓，由于突破的价格是事先存在的，因此，投资者完全可以提前做好操作的打算，甚至还可以用画线下单的方式直接在突破位画线，这样就不用再人工盯盘了，只要到价格就会自动开仓。破位形成之后，价格便出现了快速的回落，如果此时再依据着趋势监控指标进行持仓，更是可以把所有的下跌波段全部拿下。

玻璃1701合约2016年8月26日3分钟K线走势图（图4-18）。

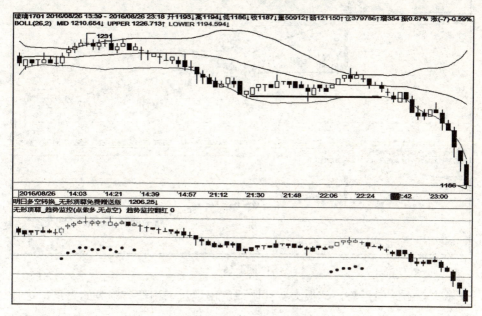

图4-18

玻璃1701合约2016年8月26日3分钟K线图中，布林线中轨由走平转变成为了下降，这种指标中轨的变化形态同样意味着方向的确立。中轨走平转为向下与中轨由上升转为向下是一样的，两者之间没有区别。

中轨转头之后，价格出现了反弹，由于反弹区间的形态复杂一些，在整体震荡的区间还曾有过一次小止损的技术形态，第一次价格创新低以后并未利索地跌下来，而是再次反弹形成个小的假突破形态，直到再次下跌之后，价格形成了一次真实的最佳突破位的向下突破。

在实战操作的时候，该止损就止损，止损完了又有形态可以入场时，再重新扎进去就可以了，所要做的就是坚决服务信号，绝对不要带有任何感情色彩。上一次小的假突破亏钱了，这一次的突破不敢做了，这是绝对错误与完全不成熟的做法与想法。成功的投资者绝对不会让上一次操作的失败来影响当前的交易。

豆粕1701合约2016年8月18日3分钟K线走势图（图4-19）。

豆粕1701合约2016年8月18日3分钟K线图中，下午开盘后不久，价格便出

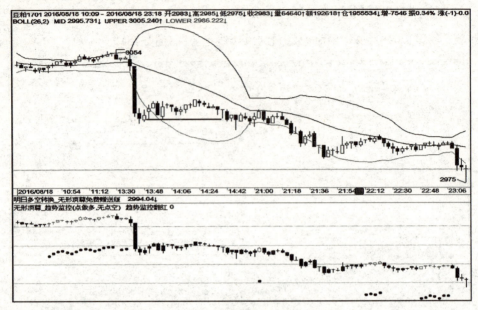

图4-19

现了大幅下跌的走势，一根大实体阴线的出现反映出空方强大的力量，这种走势的出现往往会给投资者带来进一步做空的机会，故此应当留意之后反弹出现时的形态，并积极地从中寻找交易的机会。

大阴线出现之后，价格形成了反弹的走势，整体来看反弹的幅度并不高，这说明多方的力量比较虚弱，多与空在走势上形成了明显的对比，在这种情况下价格下跌的概率将会是极大的。反弹一旦出现，投资者就要习惯性地盯好反弹之前的下跌低点，这个低点就是新一轮下跌行情的起点，新空方力量代替了老空方力量的点位，就像是新力赛跑一样。特别是此时的突破是中轨转方向以后的第一次突破，这种性质的突破更是被笔者称之为：黄金介入点，不管是股票还是期货，只要具备了这种波动性质，都必须砸锅卖铁的冲进去。

在价格向下跌破了之前低点的时候，便可以入场了，虽然突破后价格并未马上下跌，而是继续反弹，但是，反弹的幅度非常小，并不足以触动止损，因此可以继续持仓，而就算受到了反弹的干扰止损出局了，如果价格进一步走空也可以重新再接回空单。操作就是这样，一切按信号，该出就出，该进就坚决的杀进场。

豆油1701合约2016年9月20日1分钟K线走势图（图4-20）。

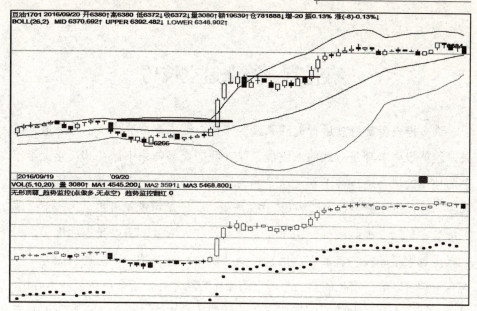

图4-20

豆油1701合约2016年9月20日1分钟K线图中，价格先后形成了两次性质不同的突破走势。第一次的突破仅是具备了向上创新高的技术特征，突破前与突破时布林线指标中轨发生过方向上的变化，而这种走势是突破的一种形态，但绝非是最佳突破位。

价格向上上涨一定幅度之后再次调整，这个时候，布林线指标也明确向上，突破前与突破时布林线指标中轨的方向都一致向上，交易的方向非常稳固，这种情况下进行的做多操作成功率将会是非常的高。调整后价格向上创出了新高，此时的突破由于是布林线指标中轨转向之后的第一次突破，因此，这才是金不换的最佳突破位，如果投资者每一次交易都可以落在这个点上，那么，亏钱就将会变得非常困难，大多投资者是赚钱很困难，你看，只要找到了入场的位置，结局立马大反转。

最佳突破位虽然成功率极高，但是交易的机会较少是它最大的一个问题，要求着投资者在实战操作时一定要保持十足的耐心，不管什么技术形态的操作都是这样：机会永远是等来的，因为我们创造不了趋势，所以只能待，谁有耐心就必然会等来好的交易机会，若无耐心胡乱做，给咱们主动送钱，那自然欢迎。

第五节　追涨追空技巧

许多投资者都喜欢进行追涨杀跌的操作，涨了就去追，跌了也去追，结果，这些投资者都是亏钱的。追涨杀跌在我的交易体系中，在2016年上半年之前使用的机会连1%都不到，这是因为追涨与追空这种操作不具备操作理由的统一性，这一笔追在下跌的第三根K线处，下一笔可能第五根，再一下一笔可能追在最后一根阴线处，由于交易理由不统一所以，所以我用的很少。但又考虑到大量的投资者都喜欢用这种手法操作，就算是我不这样去做盘，也得有一种可以统一口径的追涨与追空的操作方法才行，于是花费了一番心思，终于找到了一种具有统一口径追涨与追跌的操盘方法并纳入了全新版的五套日内交易模式中，于是，在我操作的过程中，追涨追空这种以前极少用的手法，现在运用的次数也开始逐渐增多，并且效果非常不错。

为什么要追求统一口径的交易方法呢？因为只有统一口径的方法才是正确的，才是具备可复制性的。它的特点就是：100个人学习了以后去使用，这100个人的开仓点位全部一样，止损点位全部一样，而不会说你在这个点位开的仓，我在另一个点位开的仓，大家的开仓点位一团乱。就像上一节讲的最佳突破位，这就是一种具有统一口径的操作方法，不管谁用大家都会在中轨转向之后第一次突破的时候入场。我所有的方法都要求具有统一性，从实战上讲，交易理由统一就不会出乱子，交易员只要按我的方法执行操作，盈利的概率就会极大的，不用着什么样的操作都需要我来下达交易指令，这就极大地减轻了我分析的压力。同时，投资者学习起来也易于理解，可以清清楚楚极为明确地知道在那里开仓，就像开枪一样，枪枪命中靶心才行。

本节所讲解的追涨追空技巧暂不具体讲解交易的细节，先说一下追涨追空操作时必须要满足的前提条件，凡是满足这个条件的，就可以入场追一把，而不满足的必须要放弃。只要不满足前提条件的，价格下跌的可靠性或者是流畅性就会降低，而追空或追涨希望的就是跟进去就马上涨或马上跌，故此，前提条件极为重要。

追涨追空的前提条件为：

(1)价格要形成明确的方向，或大方向或局部方向；

(2)在上涨走势出现之前，阴线的成交量极度萎缩，越小越好，以缩到均量线下方为达标的标志；

(3)下跌走势出现之前，阳线的成交量缩到极小的状态，同样是缩到均量线下方为达标的标志。

只要满足了以上方向与量能上的要求以后，一旦价格在后期出现放量下跌或是放量上涨的走势，便可以大胆的入场进行追空或是追跌的操作了。进行这种操作的时候，大家在没有掌握统一的介入理由之前，进场点肯定是比较随意的，故此，操作时止损要设定在前，开仓要在其后，追的就是确定性的上涨或下跌，追进去没见动静，最好就先撤出为宜。

橡胶1701合约2016年8月25日3分钟K线走势图(图4-21)。

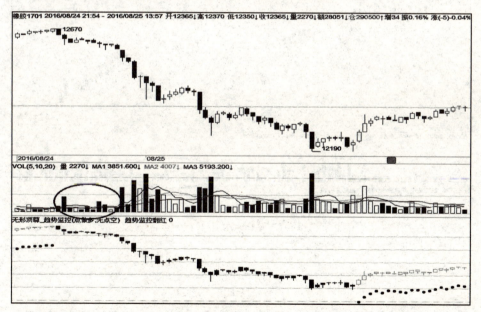

图4-21

橡胶1701合约2016年8月25日3分钟K线图中，价格出现了一波下跌速度较快的行情，这样的行情持仓非常简单，出局也不难，但难的是找到好的介入点。从最高点来看，有统一技术的介入点就是最佳突破位处，除了这个点以外，并没有什么好的介入位了。因此，想要在价格下跌的过程中就跟上空单，就必须要采取追空的交易手法。

在价格快速下跌之前，曾出现了小阳线的反弹走势，而正是因为这些小阳线的出现，使得追空的操作变得有恃无恐。阳线实体小说明做多的力量非常虚弱，多弱则空强。在小阳线出现的时候，成交量萎缩到了极限，成了一个小芝麻点，这说明多方的资金根本没有兴趣入场操作，而空方的资金也并未在此时平仓。无论是K线的力度，还是资金的状况都指示空方控制着局势，故此，一旦价格在后期出现放量下跌的走势，便可以入场追空了。

为什么要放量下跌出现才可以追呢？这说明空方的资金入场了，之前的缩量虽然说明空方强，但空方还未出手，只要一形成放量的走势，便意味着空方出手了，这个时候跟着一起冲进场，赚钱的概率就会大大的提高。

沪铜1611合约2016年8月24日3分钟K线走势图（图4-22）。

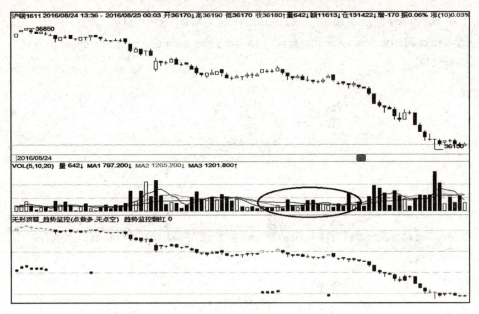

图4-22

沪铜1611合约2016年8月24日3分钟K线图中，价格出现了持续性的下跌走势，在下跌过程中，有突破的介入机会，也有逢高做空的介入机会，更有追空的交易机会，如果您什么交易方法都不会，按趋势监控指标的信号执行操作也照样可以拿下整个下跌波动90%的空间。

下跌到中途的时候，价格出现了反弹的走势，在反弹过程中，阳线的实体非常小，这说明多方很虚弱，在多方弱的时候做空，这是空单开设的一个重要前提！而阳线实体小的原因就是因为成交量非常小，在资金纷纷不买账的情况下，价格又怎会有上涨的动力？再加上价格处在非常明确的下降趋势，这些技术信号就满足了进行追涨操作的要求。

追涨的前提条件满足以后，接下来的事情就要等待追涨的信号出现了，一旦成交量出现放大的迹象，空方的资金再度杀进场中时，便可以入场操作了。在追涨的时候也要记着，既然是追，尽量追在前三根阴线处，别K线都收了七八根阴线再去追。

白糖1701合约2016年8月4日3分钟K线走势图（图4-23）。

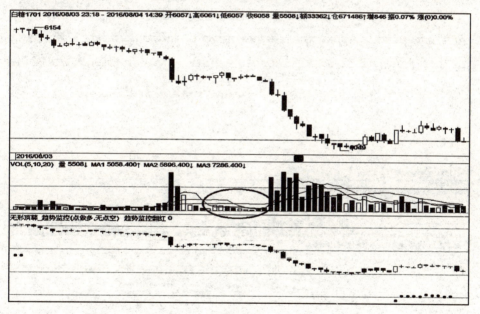

图4-23

白糖1701合约2016年8月4日3分钟K线图中，白糖出现了非常不错的下跌走势，由于技术形态非常简单，所以，获利的难度并不大。价格下跌过程中留下了：突破的交易机会、逢高做空的交易机会，以及追空的交易机会，三大种交易机会全部提供给投资者。

在价格横盘反弹的过程中，成交量萎缩到了极限，随着时间的推移，成交量变得越来越小，这说明资金根本没有任何入场做空的兴趣。在资金并不

125

认可多方交易机会的情况下，价格又怎么可能上涨呢？不涨就会跌，所以，此时应当在方向明确，成交量满足条件的情况下，留意价格放量现象的出现。

反弹之后价格一开跌就以放量的形式出现，这哪里是放量，分明是市场在送钱。第一根放量与第二根放量的阴线都可以积极大胆地追进场中。许多投资者一追就容易追在最低点，这种做法其实并不是追空，而是自杀。下跌刚开始时不追，下跌的中部不追，连接了好些根阴线，价格有了比较大的跌幅之后才追，这可不是追空操作正确的手法。

在没有讲追空的具体细节之前，为提高成功率送各位读者朋友一句话：逢三便止。如果收出了第三根阴线，那就算了，没见过那只羚羊跑出去很远了以后，猎豹还会在后边追的。

动煤1701合约2016年8月30日3分钟K线走势图（图4-24）。

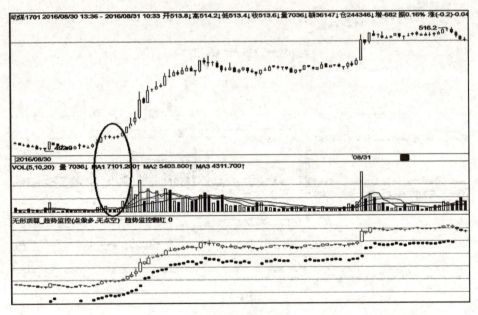

图4-24

动煤1701合约2016年8月30日3分钟K线图中，价格下跌到底以后，局部形成了上升的趋势，这个时候如果阴线出现了缩量的现象，就需要重点关注有可能出现的交易机会了。

如果价格的走势空方力量还比较大，阴线肯定会略有放量的迹象，而如果在价格拐头上翘的时候，阴线出现了明显的缩量，那就意味着空方的资金已悄然撤退，价格的回落再也无法得到资金的支持，这种情况下，上涨走势也就很容易延续了。阴线的缩量有了，局部的方向也有了，这个时候只要阳线的成交量一有明显的放大迹象，便可以入场追涨了。

缩了两根极小的阴线量以后，阳线开始出现放量的走势，只要见量便意味资金入场开始了积极的操作，在上涨的前三根阳线处跟进，获利的概率就会非常大。阴线先缩量，体现的是空方资金不玩了，阳线放量再跟进，反应的是多方资金大举杀入，资金的态度必然可以影响价格的波动。

白银1612合约2016年9月7日3分钟K线走势图（图4-25）。

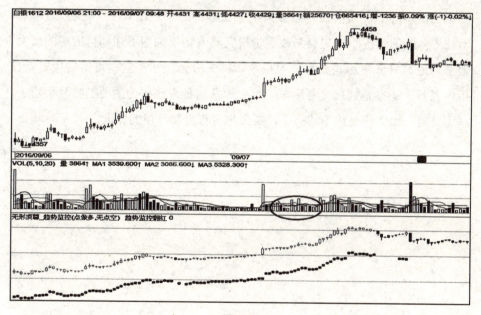

图4-25

白银1612合约2016年9月7日3分钟K线图中，整个上涨的过程中，空方的力量都非常虚弱，这一点体现在价格的调整形态中，以及阴线的实体上。上涨中途的调整，价格回落的幅度非常小，而上涨过程中收出的阴线实体也是非常小的，这说明多方占据着绝对的主动，空方根本无力反击，多强态空头弱使得价格的上涨一直持续。

在上涨过程中一旦收出实体较小并且极度缩理的阴线，就要习惯性地把它们视为是交易信号将要出现的标志，一旦阳线随后出现放量的现象，那就可以马上入场进行追涨操作，放量的阳线说明多方资金的再次介入，受它们入场的影响价格必然会继续上升。

在进行追涨操作的时候也需要注意：阳线量能放得越大，价格上涨的幅度也就会越大；阳线的量能相对较小，上涨的幅度也就不会太大。白银1612合约的走势相比之前几个案例，波动幅度并不算大，主要的原因就是成交量的放大状态并不是很好。成交量就好比汽车的油门，油门踩得大则价格波动幅度大，油门小则波动幅度小。

追涨与追空操作要把它定义为：辅助交易手段，而绝对不能成为主要的交易手段。同时，追涨与追空操作并不适合大部分投资者使用，因为在心态不成熟的情况下，做着做着就容易把自己搞得心里一团燥火。在各项技术细节还不知晓的情况下，更容易碰到价格突然大幅反抽而不知如何应对的局面。追涨与追空只适合那些心态较为稳定，错失机会也从不觉得可惜的投资者使用，并且，还只是辅助交易手段。只要你拿这种方法作为主要的交易手段了，毫无疑问，要么你是绝顶的高手，要么你一直走在亏损的路上。

第六节　核心操盘形态

　　在市场中想要赚钱需要做到两样，要么你有好的方法，要么你有好的工具，而如果两者都具备，那就不可能输了，只有赚多赚少的差别。但如果一样都不具备，那也不可能赢，而这也正是绝大多数投资者的现状。

　　好方法与好工具那个更重要呢？笔者认为是好方法。我可以不依靠指标，只用传统的方法进行操盘，照样可以赚到钱，好的方法可以使我找到正确的介入点位。但如果我完全依靠趋势监控指标，我也可实现盈利，因为工具帮我简化了分析的压力，很直接的告诉我在哪里可以开仓，该如何持仓，以及该于什么时候出局，原本需要自行分析的这些信息，指标全替你做了，好的工具简化的是分析的流程。

　　笔者的趋势监控指标到底能不能赚到钱呢？其实许多学员都已经见证过了，笔者会经常性的举办现场的7天超长周期实盘培训，以及举办网络7天实盘培训，7天的培训过程中有5天的实盘，这5天笔者便用趋势监控指标亲自向学员演示怎么从市场中轻轻松松的获取收益，这都是实实在在的实战，从我的交易中，学员学到了正确的方法，学到了这些方法在实盘中具体的运用细节，同时，从我的获利交易中又获得了交易的信心，每一个学员7天的培训参加完后都对未来的交易信心满满，因为他们明白了：好方法＋好工具在实盘操作期间的威力，他们看到了成功的希望。

　　可能会有朋友这样问：如果趋势监控真这样神，那全世界的钱岂不都要被你赚走了？猛的一听觉得好像很有道理似的，但深入去想就不是那回事。依靠好的方法＋好的工具的的确确可以实现盈利，你有几万元用它们赚个几十万，赚个一二百万都没有问题，但当你的资金规模越来越大，进出都会对市场造成冲击的时候，对不起，指标在这个时候就帮不上你了。另外，我的趋势监控指标可不卖，都是免费赠送给学员的，目的只有一个：教学员好方法，免费送学员好武器，让学员们的获利变得更容易。

日内可以承载的资金是一个额度，只适合小资金；把交易周期放长，做15 分钟、30 分钟的，那市场可承载的资金就可以多一些；而如果做日线级别的交易，市场可承载的资金就又可以再多一些了。用趋势监控指标进行操作，赚它个几十万几百万还是没问题，因为这些钱对市场的冲击不会太大。但你想赚几千万，对不起，门都没有！如果你始终拿个二三十万来操盘，赚了就取出来，这样做的话则可以长久的使用下去，一旦资金不断累积，到一定的量，继续赚钱的难度就大了，此时除了进出对市场造成冲击以外，你也成为了市场中的一块大肥肉，谁都想咬一口肉下来。

我的操盘核心形态是这样的：

(1)趋势监控(通道)指标的中轨定方向；从指标的翻红与翻蓝中找下手的机会。

(2)中轨方向向上时，价格调整使得指标K线变成实心的蓝色做空信号，此时的空单不做，因为与方向不符，等到调整结束指标K线重新变成红色的空心K线，便入场开多单，方向我没有逆着做，所以会提高操作的成功率，在指标调整翻蓝之后再转红，说明调整结束了，价格此时上涨的概率是极大的，是非常值得出手的机会。简单一句话：中轨向上时，蓝转红做多。

(3)在中轨向下的时候，价格的反弹使得之前的实体做空指标K线变为红色的空心做多信号，但此时的多单不做，因为与交易的方向相违背，等待指标再度翻蓝变为实心做空信号出现时，这说明价格的反弹已经结束，便可以积极地入场做空了。简单一句话：中轨向下，红转蓝做空。

由此大家也可以看到实战的两个核心所在：一是方向；二是入手点。有了方向并不见得有入手点，但此时耐心等待便可，因为在方向明确的情况下，中途入手的形态有许多种，趋势监控指标没有，还可以用其他的方法，趋势监控指标有信号，就直接跟着指标走。

成功的投资者永远会相信任何获利的可能与方案，而失败的投资者满脑子装的都是亏损这些负面的东西。想赚钱，就需要首先改变观念，一定要意识到：这个市场真的有可以赚到钱的方法，看似这些方法简单的要死，但它们背后所包含的交易哲理却一点也不简单，只是在外在形态上显得极容易接受。

沥青1612合约2016年9月12日3分钟K线走势图（图4-26）。

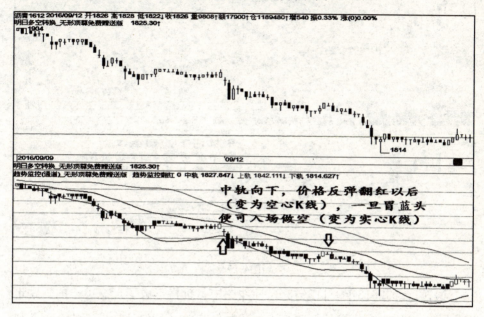

图4-26

沥青1612合约2016年9月12日3分钟K线图中，价格形成了连续下跌的走势，整体来说下跌的形态还是比较简单的，投资者用常规的方法进行操作，只要做到了顺势这一点，都可以实现盈利。

如果依据趋势监控指标进行操作，那就更简单了，绝大多数的下跌波段全部被指标捉住了（实心的指标K线即为做空信号，空心指标K线为做多信号）。在进行操作的时候，投资者需要注意两点：一是交易的方向，二是介入点。指标中轨来指明方向，趋势向下时，只做空，脑子里根本就不去想做多的事情，而介入点则按指标的信号走。

在中轨向下的过程中，随价格的反弹指标出现了翻红的走势（空心指标K线实际使用时显示为红色，实体指标K线显示为蓝色），此时一旦指标再度出现翻蓝做空信号便可以入场操作了，两处箭头所指的位置便是指标冒蓝头的做空点。做空之后，指标一旦翻红便可止盈出局，而后再次等待中轨向下时冒蓝头的做空机会。

L1701合约2016年9月12日3分钟K线走势图（图4-27）。

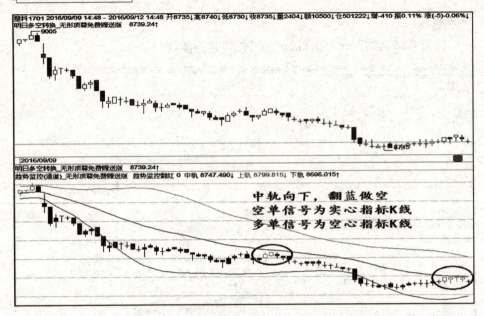

图4-27

L1701合约2016年9月12日3分钟K线图中，价格形成了形态单一的下跌走势，在此案例中，价格的下跌形态的确是较为单一，但是，中途的介入点却并不好找，破位形态虽然有，但都不是经典的形态；逢高做空的机会也没有，因为价格反弹时的幅度并不大。可见，就算是有了方向，也并不代表就有中途的介入点。

而如果结合趋势监控指标来进行操作介入点就容易把握了：在价格下跌的中途随着反弹的出现指标形成了翻红的走势，而后又马上翻蓝，一旦冒蓝头便意味着反弹已经结束，新一轮下跌行情将要就此展开，这个时候，便可以在指标翻蓝时入场做空。

入场做空以后，可以根据指标的翻红信号来止盈空单，也可以在获利达到某种程度的时候自行平仓，因为资金都是盈利的，怎样止盈都没有关系。再次反弹之后指标翻红，随后又很快冒出了蓝头，赚钱的机会又一次出现了。

棉花1701合约2016年9月12日3分钟K线走势图（图4-28）。

棉花1701合约2016年9月12日3分钟K线图中，价格在下跌的过程中，形态的震荡相比以上两个案例就要复杂一些了，这种复杂的震荡虽然在赚钱的数量上没有前两个案例多，但也有一个好处，那就是中途插进一脚的机会是很多的。

图4-28

趋势监控指标中轨明确向下，这意味着投资者在操作的时候，必须要坚定地做空，根本不能有任何做多的想法，交易方向确定好以后，接下来的事情就是寻找具体的介入点了。随着价格的反弹，趋势监控指标K线多次出现了翻红的状态(空心指标K线)，一旦在下降趋势中指标翻红，就需要意识到这是交易机会到来的信号，一旦指标再度翻蓝（变为实体指标K线），便可以入场操作了。

从图中的走势来看，指标一共留下了五次中途介入的机会，有小赚的，也有大赚的，在正确的交易方法指导下，想亏钱就会是一件非常困难的事情了。别的投资者是赚钱困难，而拥有好方法与好工具的投资者却是亏钱困难，结局自然会大不同。

沪铜1611合约2016年8月24日3分钟K线走势图(图4-29)。

沪铜1611合约2016年8月24日3分钟K线图中，价格出现了较长时间的下跌走势，由于下跌的技术形态震荡比较多，因此，常规的三大操盘手法的获利机会全部留给了投资者：追空的机会、做突破的机会、逢高做空的机会。虽然留下了这三大获利机会，但你也得会这些交易方法的细节，如果你不会运用这些操盘法，价格无论如何波动，都不可能找到好的介入位。在这种情况下，如果有好的工具来指导操作效果就完全不一样了。

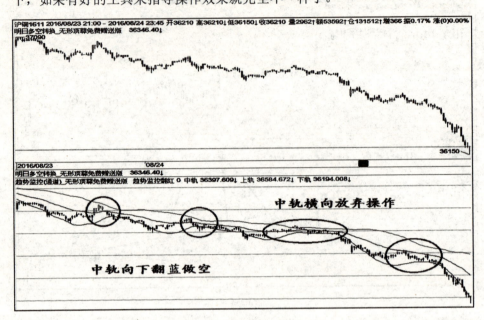

图4-29

当发现趋势监控指标中轨形成明确下降趋势的时候，就要耐心等到指标K线随着价格的反弹形成翻红的走势（空心指标K线），指标翻红以后一旦再度翻蓝（形成实心指标K线），便意味着做空机会的到来，在将要翻蓝的时候，便可以依据明日多空转换指标的提示提前制定出开仓的点位。

明日多空转换指标可以在当前这一根K线上提示出下一根K线将于何价格开多或开空，可以帮助投资者先人一步制定好投资策略，买卖点到来的时候，别的投资者还得现找点位，而我们却早已在前一根K线上知道了下一根K线的多空点位所在。这样一来，在面对多次做空提示信号的时候，就极难错过开仓的交易机会了。

豆一1701合约2016年8月23日3分钟K线走势图（图4-30）。

豆一1701合约2016年8月23日3分钟K线图中，价格出现了震荡下跌的走势，从这一时期的波动来看，操作的机会是非常多的，价格每一次的反弹都是一次极好的介入机会。

图4-30

整个下降的过程中，趋势监控指标中轨都保持着明确下降趋势，指标中轨的方向就是投资者的交易方向，不得违背。在中轨向下的时候，耐心等到指标随价格的反弹而翻红，此时的翻红绝不开多，翻红以后一旦指标K线重新形成实心K线，便意味着价格的反弹就此结束，下跌行情将要展开，这个时候便可以入场做空了。

从图中的走势来看，用这种方法可以将整个下跌波动90%以上的下跌空间全部捉到手中。方法实用的原因就是因为它做到了顺势，在顺势的基础上再把多空性质转折的点位提示出来，自然也就可以帮助投资者把握住盈利的机会了。

棉花1701合约2016年9月1日3分钟K线走势图（图4-31）。

棉花1701合约2016年9月1日3分钟K线图中，出现了一轮持续性上涨的行情，在价格上涨的过程中，趋势监控指标中轨始终保持着上升的趋势，这意味着投资者的交易方向必须是向多的，做空这个念头此时想都不能想。

在上涨的过程中，价格出现了几次调整的走势，调整的出现使得指标K线形成了翻蓝的状态（实心K线），只要中轨的上升趋势不变，就耐心等待指标的翻红（变为空心K线）。一旦指标翻红，便意味着调整的结束以及新一轮上涨行情的开始，这对于投资者来说自然是极好的操作机会。

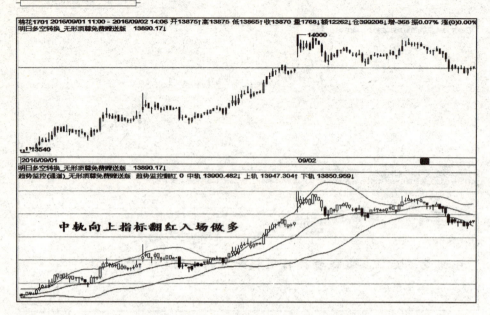

图4-31

从图中的走势来看，主要的上涨波段这种极为有效的操作方法全部捉住了，真正实现了投资者们所追求的目标：机会不会错过，风险不会套住。就算你什么交易方法都不会，只要有一款好的交易工具，照样可以实现盈利。

焦煤1701合约2016年9月1日3分钟K线走势图（图4-32）。

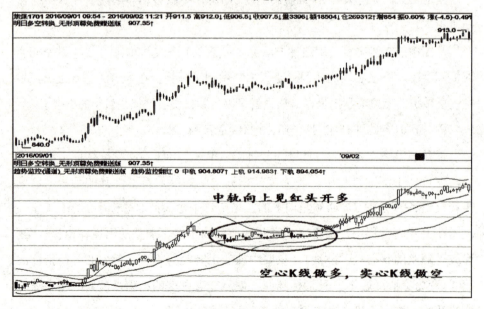

图4-32

焦煤1701合约2016年9月1日3分钟K线图中，价格出现了一轮持续时间较长的上涨行情，第一轮上涨的过程中，由于调整并未使得指标翻蓝，所以没有任何中途插进一脚的机会，如果指标没有给出交易的机会，也可以用传统的方法去做，当然，更可以一直等到属于自己的机会出现再去操作。

上涨到中途价格的调整终于使得指标翻蓝，操作的机会近在眼前。一旦指标翻蓝以后再度翻红，便可以入场进行操作了。此时的翻红意味着调整的结束，在中轨方向明确向上的情况下，价格自然上涨的概率是极大的。

小机会可以捉住，大机会更是不会放过，没有交易方法可以完全等指标的信号，懂得更多的交易方法自然是好，在指标没有提示交易机会的时候，也可以用传统的方法捕捉符合技术要素的操作形态，懂的方法越多自然赚钱的机会也就越多。

动煤1701合约2016年8月31日3分钟K线走势图（图4-33）。

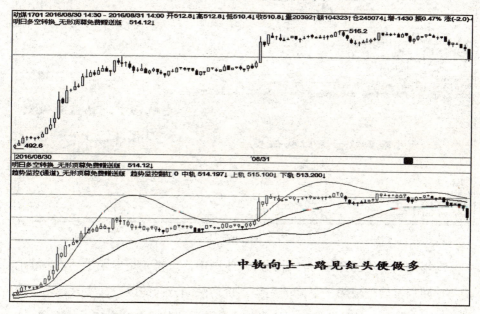

图4-33

动煤1701合约2016年8月31日3分钟K线图中，价格出现了连续上涨的走势，这一轮上涨行情，震荡的幅度并不大，调整基本上都是以横盘的方式进行，极大地降低了投资者的操作难度。

上涨到中途调整的过程中，随调整的出现指标K线形成了翻蓝的状态，只要中轨的方向是明确向上的，翻蓝其实意味着交易机会的到来，一旦指标K线再度重新翻红给出买点信号，便可马上入场交易。

在指标翻蓝的过程中，还需要密切关注：明日多空转换这个非常核心的指标，它可以在当前这一根K线上，提示投资者下一根将于价格何做多。即使买点并未形成，但你早就提前做好了操作的计划，需要做的就是等待明日多空转换指标提示的价格出现，因为这个价格就是指标翻红的买点价格。正是由于这个指标可以帮助投资者先人一步知道多空的转换点，所以才称之为：明日多空转换。

动煤1701合约2016年9月8日3分钟K线走势图（图4-34）。

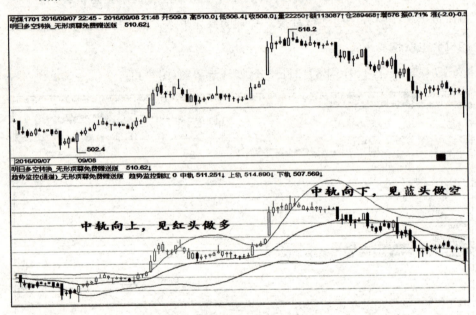

图4-34

动煤1701合约2016年9月8日3分钟K线图中，价格先是出现了一轮上涨的走势，随后又转变成为了下降的趋势。价格波动方向的改变其实只会增加交易的机会，你瞧，趋势监控指标不是把上升与下降的机会全捉住了吗？

在中轨明确向上的时候，随着调整的出现，指标先后三次形成了翻蓝的走势，但很快便又再度翻红，中轨向上，指标再现红头，这便是具有统一交易口径的操作形态。在价格处于翻蓝状态的时候，必须要密切关注明日多空转换指标，只有把交易计划制定在前把握先机，才可以实现盈利。

在指标中轨由上升趋势转为下降趋势以后，就不要再做多了，而是应当顺应中轨的方向进行做空操作。随着价格的反弹，指标翻红了，而后盯紧明日多空转换指标，看一下做空的价格是多少，一旦见到该价格便可开仓。如果进行的是趋势交易，则可以提前在该价位处画线下单，省心又省力。

沪镍1701合约2016年9月12日3分钟K线走势图（图4-35）。

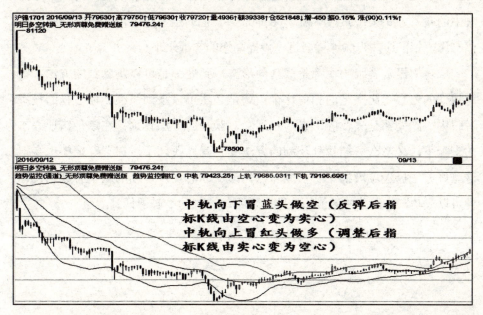

图4-35

沪镍1701合约2016年9月12日3分钟K线图中，价格在大幅下跌之后，出现了缓慢的上涨走势，不管价格如何波动，只要引发趋势监控通道指标中轨的方向发生改变，那么就会给投资者带来盈利的机会。

在价格下跌的初中期，指标并未给出中途介入的信号，只是一直提示着应当持有空单（指标刚变蓝是介入信号，持续变蓝是持仓信号）。有了一定幅度下跌之后价格开始反弹，这使得指标K线转红，但很快便又重新翻蓝，至此，做空的机会终于等到了。

发出做空提示后，最后一波下跌行情随之出现，而后便展开了长时间的反弹上涨行情，在中轨转为上升趋势的时候又该如何操作呢？想必您已经知道了吧？中轨向上，指标见红头就做多；中轨向下，指标见蓝头就做空。好方法加好武器，获利自然变得容易了。

　　如果各位读者朋友对笔者讲解的这种核心方法的获利能力有置疑，没关系，我们可以实战做给你看，亲眼让你见证它的获利效果。指标其实只是一种方法外在的显示形式，内在有它的技术理由，中轨向下做空，中轨向上做多，这本身就是大概率的事情，再加上一个好的中途介入的点位提示，赚钱的概率自然大大的增加。如果您对上述内容有什么不理解之处，可按本书前言中的联系方式QQ：987858807与我们联系，届时会有更多的操作技巧视频提供给您，相信这些视频课程会进一步提高您的实战水平！

　　成功的投资者眼中，都是成功的形态，到处都是可以赚到钱的方法，因为他们的内心无比坚定的相信这个市场是必然可以赚到钱的。而亏损的投资者眼中，到处都是失败的形态，永远会对获利的方法置疑，在这种错误心态的支配下，又怎么可能找到获利的方法呢？就算找到了，在置疑之中也会把这些好方法扔进垃圾桶。想要成功，先改变你的观点，你的脑中有成功，你便可以成功，你的脑中装满了失败，对不起，成功不属于你。

※ 第五章　实战案例解析 ※

实战案例解析其实应当成为每一个投资者收盘之后必须要进行的工作，盘中受到各种因素的影响，我们可能无法留意到每一个品种所形成的经典走势，但收盘之后，在没有任何交易压力的情况下，便可以保持一颗平静的心，这个时候就可以非常冷静及客观地面对价格的波动，故此，应当将当天所有品种的走势都看一下，从中总结那些经典的技术形态。正所谓：见多则识广，你越是不去仔细的对当天的走势进行把玩，那你的识别形态的能力也就会越低。识图能力不经过大量案例的总结、长时间的重复是不可能锻炼出来的。看一眼走势图便知道该如何正确操作，这是锻炼识图能力的最终目的。

在对当天的走势进行总结时，只需针对那些经常重复出现的技术特征便可，好久都不出现一次的极端走势，根本没必要浪费时间。总结的时候也要站在实战的角度进行，虽然你已经知道了后边的走势结果，但也不能把后边的走势做当是当前交易的依据，一定要根据以往一贯执行的交易策略去进行总结，这样才可以达到学习效果。

第一节 沪镍1701合约日内案例解析

网络内训学员张龙峰：

在跟您学习之前，曾收听过您公开的视频课程，里边介绍过沪镍这个品种，您说它是迷你股指，价格波动活跃性较大，比较适合于日内投机交易，我现在在操作时也是把它做为了主要的操作对象。

一阳：

为帮助读者朋友们提高操作水平，我们周二、周四都有免费的公开培训，为的就是让大家用最小的代价尽量多的丰富自己对这个市场的认识。当然，这些公开的视频的确可以帮助大家树立正确的交易理念以及养成良好的交易习惯，但距离直接上手实战盈利还有所欠缺。毕竟希望大家能够理解：经不可轻传，亦不可空取。所以，为大家推出了各种形式的内部网络培训课程，只要打开电脑，就可以参加学习，每一节课程都还有同步录像，学习期间学员就不必担心有事情无法参加当天培训的问题了。

沪镍这个品种在所有商品期货中，它的活跃性的确是非常的高，属于是常规龙头品种，也就是在多数情况下，上涨或下跌它都会是全局品种幅度最大，或是板块内幅度最大的。但由于它的盘口比较轻，所以，不太适合两百万以上规模资金量进行日内投机的操作，趋势交易倒是没什么问题。

不过随着股指期货交易的限制，也使得沪镍的波动活跃性相比之前略有降低，不过就是这样，对于资金量小的投资者，沪镍也是一个必须要固定关注的投机对象。

2016年9月26日沪镍1701合约的走势其实并不算流畅，但是其中的又有许多经典的技术形态值得回顾，去看看这一天的走势有什么样的门道吧。

沪镍1701合约2016年9月26日分时走势图（图5-1）。

图5-1

一阳：

在确定了盘面多空，锁定了交易对象之后，接下来就是要确定交易的方向，沪镍1701合约在2016年9月26日这一天的交易方向是怎样的(图5-1)？

网络内训学员张龙峰：

在夜盘的时候，分时线位于均价线的上方，从分时线来看，根据经验这一时期布林线指标中轨肯定也是向上的，自然，夜盘一直到凌晨都是要看多以及做多的。

而到了凌晨之后以及日盘期间，由于分时线始终都是在均价线下方，故此，操作的方向应当做空的，而不能有任何多单在里面。

一阳：

交易方向的判断完全没有问题，虽然我们是在盘后讲方向，但这种方法一定要学会在动态中运用：盘中某个时刻只要分时线在均价线上方，那就死等做多的机会，方向有了，就是等交易形态，形态出现便做，没形态便等，直到分时线位于均价线下方以后，再重新等待新的方向与新的交易形态。

网络内训学员张龙峰：

以前的交易就是乱来，现在跟老师学习了这种判断交易方向的小技巧以后，再也没犯过方向上的错误，交易的次数越多越明显感受到：只要方向做对了，资金真的不会有任何大的风险。

一阳：

投资者都知道顺势交易，但许多投资者又根本做不到这一点，其原因并不是不想去顺势交易，而是光知道这句话，根本不知道技术上该如何具体的顺势，没有与之对应的交易方案，自然也就无法顺着行情的方向去做了。

顺势并不难，分时线与均价线的关系就完全搞定了。

沪镍1701合约2016年9月26日1分钟K线走势图（图5-2）。

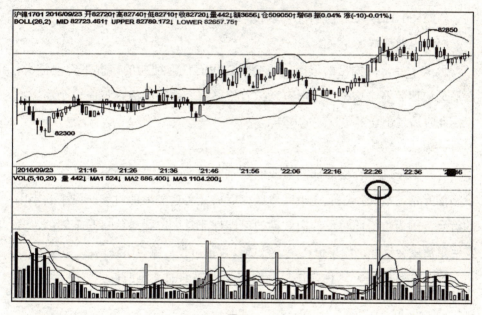

图5-2

一阳：

夜盘开盘以后一直到21:45分时（图5-2），交易还是比较难做的，因为这一时期价格的波动方向感不强，略有多单的味道但并不是十分清晰。

网络内训学员张龙峰：

要放以往觉得要上涨肯定就开仓，而现在如果面对的行情无法非常确定地得出一个操作的结论，宁愿错误也绝不会轻易下手。

不过到了21:45分之后布林线指标中轨明确向上，并且价格的调整低点还位于首根K线的上方，此时的交易方向应当是明显做多的。

一阳：

是的，中轨向上，K线位于首根K线上方，这都是多头的技术信号，不过可惜的是，这一区间的波动有方向但一阳态。

网络内训学员张龙峰：

您讲过操盘三要素：盘面、方向与形态。盘面暂且不提，方向有了，形态没有，这也不能下单，毕竟交易的主要依据就是形态，虽然中轨明显向上，但没有中途插上一脚的机会，那就只能耐心的继续等了。

一阳：

约22：30分时形成了一种怎样的技术形态？此时该如何操作？

网络内训学员张龙峰：

形成了异常巨大量的形态，成交量在没有任何征兆的情况下突然放大，而后又快速萎缩，这种技术形态意味着价格将有很大的概率形成一个局部高点，此时适宜平仓多单。

一阳：

这是一个判断价格局部高点或低点重要的方法，量能的异常必然会导致价格的异常，故此，在成交量突然放大而后又急速萎缩的时候，应平仓手中的持仓，因为价格此时反方向波动的可能性非常大。如果价格是下跌的，异常巨量后就会反弹；如果价格是上涨的，异常巨量后就会下跌。

需要注意的是，这种方法只是用来识别局部的高点或低点，注意用词：局部！

沪镍1701合约2016年9月26日1分钟K线走势图（图5-3）。

一阳：

沪镍1701合约（图5-3）经历了一个转折期以后便出现了一直延续到日盘的下跌走势，你来说一下转折期区间有怎样的技术特征。

网络内训学员张龙峰：

价格转为下跌之后，上轨的压力作用开始变得明显起来，当然这个并不是最主要的技术特征。最为主要的就是布林线指标上轨出上升趋势转变成了下降趋势。

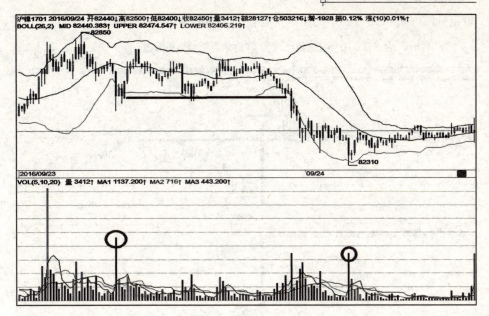

图5-3

在中轨转为下降趋势的情况下，上轨的压力作用就是价格难以上涨的重要信号，既然涨不上去，那么，跌下来的概率就将会是非常大的了。

一阳：

除了指标上的技术特征之外，形态上也有一个非常明显的特点：价格波动的高点在依次降低，高点代表了多方的力量，高点降低说明多方的力量在衰竭。

网络内训学员张龙峰：

除了V形底与A字顶的形态外，价格转势的确如老师所说：总是可以找到许多技术上的理由。这种指标方向转变、上轨压力与高点降低只是意味着转折的正在进行，而由多转空的点应当是价格跌破了箱体震荡的点。

一阳：

转折区间是多消空长的时候，一旦破箱体下沿便意味着转势成功，价格将会继续下跌，所以，突破点即是价格多空性质的转折点，也是一个重要的入场点。

在本例中还出现了两次与图5-2案例中一样的技术形态：异常巨量，成交量突然巨幅放大之后，又急速萎缩，而后价格都会出现反弹的走势，面对这种走势时，可以先将手中的空单平仓，而后重新寻找做空的机会。

沪镍1701合约2016年9月26日1分钟K线走势图（图5-4）。

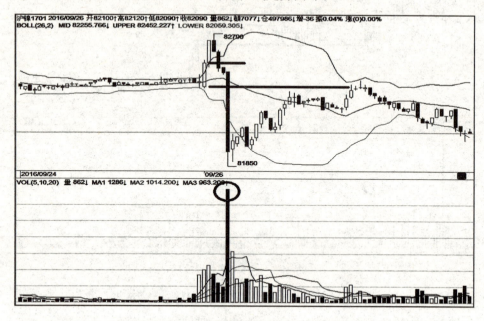

沪镍1701 2016/09/26 开82100↓ 高82120↓ 低82090↓ 收82090↓ 量862↓ 额7077↓ 仓497986↓ 增-36 振0.04% 涨(0)0.00%
BOLL(26,2) MID 82255.766↓ UPPER 82452.227↑ LOWER 82059.305↓

82290

81850

2016/09/24 '09/26

VOL(5,10,20) 量 862↓ MA1 1286↓ MA2 1014.200↓ MA3 963.200↑

图5-4

网络内训学员张龙峰：

沪镍1701合约2016年9月26日日盘开盘后（图5-4），价格的波动非常剧烈，先是快速上涨，而后又快速大幅回落，真是令人惊心动魄。

一阳：

由于国内的商品期货开盘品种远少于国际市场上相同的期货品种，所以，在国内期货停牌时，国际的期货价格还在波动，这样必然会对国内的期货价格走势产生影响，而这种影响在刚刚开盘的时候反应最为明显，沪镍此时的走势便是一个例子。

这也就是我经常说的：刚开盘先看，因为此时价格方向并不明确，这几分钟涨得好好的，可能下一分钟一根阴线就全打回来了，因此，过个一二十分钟以后再做，让价格彻底的消化一下停牌期间的所有消息的影响或是国际走势所产生的影响。过了这个消化期以后，价格的走势就会按照正常的状态运行了。

网络内训学员张龙峰：

虽然价格此时的波动非常剧烈，但用您的早盘交易技巧依然可以捉住机会。价格向上突破早盘第一根K线时入场做多；而当价格向下跌破首根K线开盘价时，则可以入场做空。这样做的话，多单可能不赚钱，但做空的收益肯定就弥补了多单的亏损以及实现净收益了。

同时，在价格下跌的时候，形成了巨阴巨量的走势，这也不是正常的量价关系，跌到一定程度肯定就要止盈离场了。

一阳：

早盘的操作需要投资者有一颗强大的心脏，因为早盘的波动剧烈，可能几分钟的操作之后就可以收工了，也有可能会产生较大的亏损，如果风险承受能力不足，或是心理素质不好，最好不要在早盘期间操作。

首根K线除了具有操作点位的指引作用以外，还可以对价格的波动起到支撑与压力的作用，在图5-2之中夜盘的首根K线对调整起到了支持的作用，而在日盘之中，首根K线则对之后的反弹产生了压力的作用。

当然，首根K线的支撑与压力只是交易上的一种借鉴，不建议将其作为一种直接的操作手段。

沪镍1701合约2016年9月26日1分钟K线走势图（图5-5）。

一阳：

在日盘的过程中，操作的压力大减了，因为分时线一直在均价线下方，并且布林线指标中轨始终保持着向下的状态，如何做空就是日盘需要考虑的唯一事情（图5-5）。

网络内训学员张龙峰：

在学习了老师的方法以后，终于明白了操作的精髓：在布林线指标中轨向下的时候，做空方法中一个重要的思路就是逢压力就入场做空，在这个思路的指引下，则可以总结出许多操作的形态。

在没有学习之前，则是一直希望价格下跌，一出现反弹就感到害怕并且不知所措，而有了老师的正确方法后，反弹的出现总是会让我感到十分高兴，一次次的反弹就是一次次做空的大好机会。

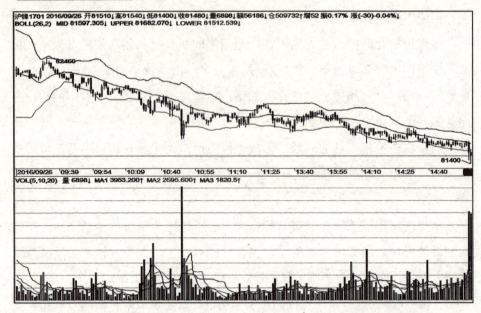

图5-5

一阳：

价格下跌过程中，利用反弹做空是一大常用手法，不过并不是唯一的操盘手法，也可以做突破，也可以做追空。当然，突破与追空的技术条件更加细致，而逢高做空则相对简单一些，但实用性却极好，中轨向下如何操作其实就是一句话：逢压力便做空。而后根据具体形态再设定好止损便可以了。

网络内训学员张龙峰：

如果压力不保则需要进行止损操作，上午11:20分左右，价格向上顶破了布林线指标上轨，随着压力的失效，这个点位就需要止损空单了。

一阳：

这种止损并非是技术运用的失败，技术运用上没有任何问题，是市场形态走失败了，对于这种类似的亏损，完全不必在意，只要方法是有一致性的交易理由的，成功的形态总比失败的形态多。

沪镍1701合约2016年9月26日3分钟K线走势图（图5-6）。

一阳：

用传统的方法讲解了沪镍1701合约一整天的走势之后，我们再结合着趋势监控指标来讲解一下，让传统的交易方法与新式武器进行一场PK，看谁的实战效果会更好（图5-6）。

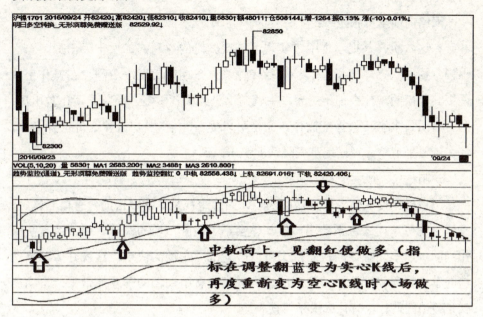

图5-6

网络内训学员张龙峰：

人与动物的区别就是会制造工具以及使用工具，正因此如此，我们出差可以坐高铁坐飞机，而不必像古人一样全靠步行。那些市场中的巨鳄有专门的交易通道，有专门的下单软件，有专门的分析软件……全副武装的在和投资者拼搏，而许多投资者别说连好的工具了，就是连好的方法都没有，又怎么可能在这个市场中获得收益？

您的一句话说的好：交易的结果就是你学习的状况。而交易的结果何尝又不是投资者在这个市场中的生存状况？今天被这只狼咬一口肉，明天被那只虎啃下来一块骨头，若手中再没有一把武器，怎么可能活得下来？所以，肯定是工具的效果要更好。

一阳：

趋势监控通道指标中轨明确向上，这指明了交易的方向：做多。那如何做多呢？在价格调整使得指标翻蓝之后(实心指标K线)，一旦指标翻红(空心指标K线)便可入场做多。中轨指明方向，趋势监控提示中途插进一脚的介入点位，就这么简单。就算你什么都不会，有一把冲锋枪在手，什么豺狼虎豹只会沦为自己的猎物。

网络内训学员张龙峰：

在这六次介入提示之中，实现了三次波段的盈利，二次平手出局，一次小幅亏损的状态，按指标信号执行操作，夜盘期间实现净盈利。在操作上则是极其轻松的，什么都不用想，中轨向上见红头就做多，翻蓝了就止盈出局，结合着明日多空转换指标操作，完全可以提前一根K线知道什么价位开多单，什么价位平多单。轻松地享受赚钱的快乐。

一阳：

用指标操作能体会到赚钱的快乐，因为赚钱是非常轻松的，有信号就做，没信号就等，什么也不会想，但却体会不了战胜市场的快乐。用传统方法操作则即可以享受赚钱的快乐，又可以享受战胜市场的快乐。这就好像开手动档的车与自动档车一样，开车的乐趣其实只有手动档的车才能带来，自动档就是轰油门就行，有什么快乐可谈？

只不过即想体会到赚钱的快乐，又想有战胜市场的快乐，这就需要你懂许多操作的技巧，想掌握这些技巧，没个三五年肯定没戏。我有一句话：学期货交易的时间，等同于你是零基础学英语，到能与老外自由交谈的时间。

网络内训学员张龙峰：

交易的目的就是赚钱，反正我是认为赚了钱就是战胜了市场，管它用的什么方法，还是什么工具。有几个投资者赚了钱不快乐的？用工具，还是用传统的方法只是过程，我们要的只是赚钱的这个结果，哈哈。

沪镍1701合约2016年9月26日3分钟K线走势图（图5-7）。

一阳：

到了日盘的时候方向发生了转变，趋势监控指标通道形成了下降的趋势，你来说一下这一时期该如何操作（图5-7）？

网络内训学员张龙峰：

中轨向上见红头便做多，中轨向下自然见蓝头就做空。见蓝头的前提是：价格的反弹使得指标翻红（形成空心指标K线），而后一旦反弹结束再度形成实心指标K线，便可入场做空。

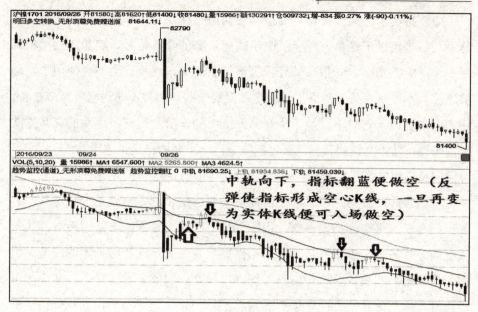

图5-7

一阳：

从图中走势来看，共有四次操作，一次小亏，两次大赚，一次小赚。从沪镍这一整天的走势来看，依着工具来做，会有小亏的可能，但根本没有大亏的可能，这也就实现了：大赚、小赚、小亏。由于把中轨的方向作为实战的主要方向，所以便可以提高小赚与大赚的可能性，而降低小亏出现的次数，这样一来，胜算自然就非常大了。

网络内训学员张龙峰：

趋势监控解决了实战操作中两个重要的问题：一个是方向，一个是中途的介入点，两者合二为一，自然也就变成了一个非常有效的好工具了。

一阳：

任何指标其实都是一堆数学公式，绝对不能神化指标，神化指标的所有说法都是完全错误的。指标就是非常客观地反应市场的数据信息，就好像上市公司的财务报表一样，它显示的就是当前公司的财务状况，并不能预测未来。而我们交易就是要根据当前的数据信息执行眼下的操作，至于说明天会怎样？没人会知道，也没有任何一个工具会知道。这一分钟有开仓信号，那就开仓，下一分钟又有离场信号，那就离场，这就是交易。

中轨指明了方向，任何可以指标方向的指标都有一样的效果，布林线和移动均线也可以干这事。而至于中途的插一脚的介入信号，趋势监控指标算是一个，MACD指标、KD指标等等，也都能干这事，就看你会不会使用了。趋势监控只不过是在显示形态上变得更加直观一些，而并不是说它就有多神奇，用它就能赚钱，它只不过是正确交易方法中的一员，用任何正确的交易方法都能赚钱，而不是说用指标就必定能赚钱，一定要明白这个逻辑关系。

网络内训学员张龙峰：

明白老师的意思，不要神化指标，不要迷信指标，它就是一个工具，客观反应存在的事实，不偏不倚。指标只是生动地将正确的方法用最容易让人接受的方式显示出来而已。不用指标需要学习一大堆理论与技术的细节，但由于指标的显示包含了这些信息，依据指标操作自然节省了精力，从而才可以让没有任何交易方法的人也可以直接上手交易。

第二节 菜油1701合约日内案例解析

网络内训学员王义民：

我看一阳老师网络上有多种内容的培训，具体那一种的培训内容更适合我们学习呢？

一阳：

网络培训有半年期的系统性培训，以及各种短班的培训。半年期系统性培训适合于大多数投资者，它培训时间长，内容全面，由浅入深，新手或零基础的投资者学习可以整体提高操作能力，老手学习可以将缺失的知识体系建立完整。

短班主要是针对有一定实战经验的投资者，一般一期10～15节课程，它主要讲解某个核心技术点，学习之后就可以直接上手实战操作。

如果是新手那就建议参加半年期系统性培训，如果是老手那就参加短期班培训就可以了。参加内部的培训课程，都有趋势监控指标免费赠送使用的。

网络内训学员王义民：

等我学习完现在的课程以后，再报名参加老师的短期班课程，进一步提高一下自己的操作水平。今天就请老师为我讲解一下菜油的案例吧。

一阳：

菜油其实在油脂之中并不属于常规龙头，如果做油脂的话应当重点关注棕榈，棕榈是三个油脂之中的常规龙头，大多时间表现都比另两个突出一些。

网络内训学员王义民：

这一天菜油1701合约的走势相比其他两个油脂要更加经典，想必这也是老师讲解它的原因。记得您说过：日常复盘学习时，只需对经典走势进行学习便可，那些走势怪异的形态不需要浪费任何精力。

一阳：

经典走势就是那些每天或是隔三差五就会出现的走势，技术分析有一句话：历史总会重复，我们要的就是这些重复次数多的技术形态，而赚钱其实也完全依靠这些形态，多长时间还见不到一面的走势，对于我们获利来讲并没有任何意义，不管这种形态能带来多大的利润。

网络内训学员王义民：

以前在自学的时候就是捉不住重点，不知为什么对那些经常重复的技术形态视而不见，反而对那些走势怪异的形态集中精力关注，总想找到破解它们的方法，但却忘了：连经常见面的经典形态都搞不定，还有什么能力去解决复杂的形态。

一阳：

经典形态不仅要研究每一个常见的技术点细节，更要把它们的走势牢牢的记在脑中，脑中保存的走势形态越多，应变能力也就会越强。千万不要以为收盘后的复习谁都会，没有老师告诉你该怎样复盘，总结那些要点的话，就是坐那一整天，也很难有好的收获，因为根本不会知道复盘的要点在那里。

菜油1701合约2016年9月26日分时走势图（图5-8）。

一阳：

老规矩，先定交易的方向（图5-8）。

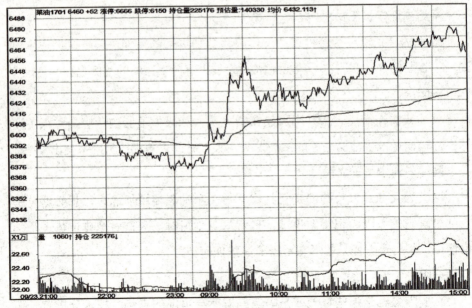

图5-8

网络内训学员王义民：

夜盘的前半个小时应当保持做多的思路，而后等待做多的形态出现，因为这个时候分时线在均价线上方。

夜盘1小时之后方向是最为明显的时候，分时线明确位于均价线下方，这个时候应当积极地进行做空操作。并且从分时线形态来看，中途做空的机会还是有的，只不过由于价格回落幅度有限，所以利润空间并不是很大。

日盘开始以后一路做多，因为分时线一直在均价线上方。

一阳：

这种确定交易方向的方法虽然非常简单一听就会，但一定要坚持使用，并将它培训成潜意识，见到两者上下的关系，马上就知道该如何操作。

方向确定之后千万不要认为就完事了，定方向之后的工作便是找介入点。方向确定后并不见得有介入点，等有介入点以后，没准方向又变了，又要重新等新的方向。

网络内训学员王义民：

我原来的操作那有什么方向，见涨就多，见跌就空，杀来杀去敌人没杀到一个，自己身上的肉却被敌割下来不少。自学与跟着老师学习的效果真是天与地的差别，一下子就可以把握住重点，迅速地让自己成长起来。

一阳：

以你现在的水平，再去自学就完全不一样了，因为你已被我带进了这个门，所有的东西全都捋顺了，自学也就知道什么样的东西才是正确的，最需要学习的，以及学这些东西的顺序。之前你不入门，自认为学到了许多东西，但其实这些知识仅增加了你对这个市场的了解，站在实战的角度什么忙也帮不上，所以才会不断的亏损。

网络内训学员王义民：

您有一句话让我印象深刻：如果自学真有用，何必让孩子们到学校去？每一个老师教的内容书上有，网上有，让孩子在家自学呗，还省钱。但家长都绝不可能这样干，都是挤破脑袋进名校，因为名校有名师，名师才能出高徒。自学就好比是在家学习的孩子考进了清华北大，全国有几人？所以，绝大多数投资者是必然亏损。一席话马上让我醒悟了，意识到了跟老师学习的重要性。回头来看，现在的进步真是跟飞一样。

一阳：

在我学股票时有老师，在老师的教导下，我的股票操作没走什么弯路。在我刚学期货时我没找老师，先后三次亏光了本金，这才意识到靠自己是不行的，于是赶紧找老师来教我，这才踏上了持续盈利的正确大道。要不然，真不知还会再亏多少钱。正因为我本人亲身体会到了跟老师学习的种种好处，所以非常推崇这种直接有效的学习方法。这可不是给我自己做宣传，你不必跟着我学，你身边只要有真正有水平的老师，一定要向人家学习，千万别搞什么自学。在没有自学能力之前，自学会害死人。

菜油1701合约2016年9月26日1分钟走势图（图5-9）。

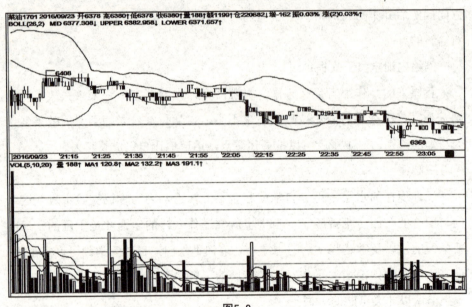

图5-9

一阳：

从分时图中来看，夜盘1小时之后价格的波动方向才变得非常明确，而在1分钟K线图中，菜油1701合约的走势则完全不一样，开盘后没多久方向就十分明确了。那么，在布林线指标中轨向下的时候，又该如何操作（图5-9）？

网络内训学员王义民：

布林线指标中轨向下时有三大操作手法：逢高做空、做突破、追空。不过追空由于老师不主张使用，所以就是逢高做空与突破。

一阳：

追空之所以不建议大家使用，是因为大多数投资者心态并不成熟，追着追着就容易把自己的情绪搞得非常急躁，心一急就容易情绪失控，这一天也就很容易赔钱了。

突破操作对价格波动的连续性有要求，但后边是晃晃悠悠的下跌，还是干脆利索的下跌谁也不知道，特别是在盘面呈现弱态空头的情况下，做突破的效果就要差一些了。因此，逢高做空这种操作手法就是布林线指标中轨方向向下时的一个主要交易手段了。

那么，逢高做空的精髓是什么？

网络内训学员王义民：

压力！中轨向下看压力，中轨向上看支撑。压力位便是中轨向下时的开仓位。

一阳：

非常好。这样一来问题就搞定了，指标的压力，K线形态中前高点与前低点的压力，都可以构成操作的依据，只要价格反弹至此便可以入场开空。从图中的走势来看，价格在震荡回落的过程提供了多次中途介入的机会。

网络内训学员王义民：

以前总抱怨机会少，现在知道了，并不是机会少，机会无处不用，而是自己根本没有应对价格变化的能力，看不懂形态的含义，机会就是站在眼前也根本认不出来。

以前也总报怨捉不住机会，现在明白了，并不是自己捉不住，而是根本没有捉住机会的正确方法。

一阳：

赚不到钱，先怪自己，这个市场赚不到钱以及亏了钱的原因，自己占99%。但凡喜欢把责任推给市场，推给方法，推给他人的投资者，注定是这个市场的loser。

菜油1701合约2016年9月26日分时走势图（图5-10）。

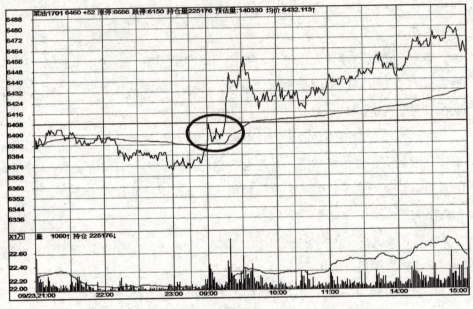

图5-10

一阳：

日盘开盘以后，分时线形态形成了一个非常标准的技术形态，这也是价格波动中较为常见的走势，属于重点关注的传统形态之一，它有什么样的特点（图5-10）？

网络内训学员王义民：

价格的低点在抬高，高点在降低，连续抬高的低点，以及连接降低的高点上升三角形形态，这种形态位于均价线的上方，这说明形态的性质是多头的，故此，应当密切留意多单的机会。

一阳：

这种形态是一种波动趋势趋于平静的状态，看似多空双方都暂时休整，其实是为下一场的战斗做准备而已。达到平静极限后就将会打破这种状态，要么上涨要么下跌，从价格所处的位置来看，位于均价线上方，是价格上涨之后形成的，再加上放量上涨缩量调整的完美量价配合，得出的结合便是价格向上的概率是极大的。

这种形态又该如何寻找介入点呢?

网络内训学员王义民:

有两种方式可以进行操作:一是可以在价格向上突破降低的压力线(连接高点的连线)时介入;二是可以在价格向上创出绝对的新高时介入。一直在学习老师的交易方法,所以养成了与您一样的习惯,喜欢在价格向上创出新高时介入。

一阳:

这个图形除了以上的技术特点以外,还有一个比较有意思的地方,那就是这个三角形正好出现在夜盘期间的高点下方,具备了蓄势的迹象,它蓄势想干什么?自然是为了向上创出盘中的新高,故此,用突破盘中最高点的手法进行操作效果比较好。

菜油1701合约2016年9月26日1分钟K线走势图(图5-11)。

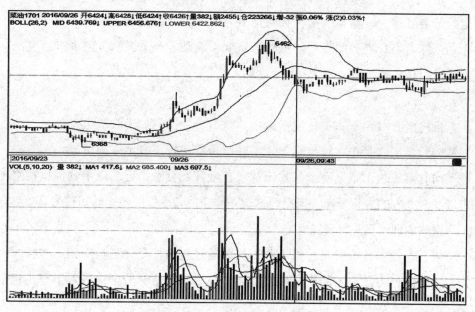

图5-11

一阳:

经过一波上涨之后,价格到达了盘中一个重要的高点,随后较长的一段时间内,价格一直在这个高点的下方震荡,其中有三个重要的技术点可以看出来价格将会停止上涨,你分别来说一下都是那些技术特征(图5-11)。

网络内训学员王义民：

第一个最明显的技术特征就是价格下跌时出现了放量下跌的迹象，如果价格的回落是正常的调整，那么，应当像之前的成交量一样出现萎缩的状态，此时的放量很显然意味着要么是多方资金在撤，要么是空方资金在进，而无论那一种情况都不利于价格的上涨。

一阳：

量价关系的配合是非常重要的，量价配合健康，价格就可以继续上涨或是下跌，就像前二次的调整一样，成交量都同出现了明显的萎缩，因此，才可以继续上涨。放量下跌破坏了完美的量价配合，在这种情况下，原有的趋势也就很难再延续了。

网络内训学员王义民：

第二个特征便是回落的低点跌破了布林线指标下轨的支撑，您讲过：在上升趋势过程中，布林线指标下轨是多方的最后一道防线，这道防线一旦失守则意味着上升趋势的终结，虽然只是低点跌破了一下下轨，但多方力度的虚弱已明显显露了出来。

一阳：

价格上升时，不破布林线指标中轨是最好的，但如果跌破也没关系，第二道防线，也就是布林线指标下轨不跌破价格依然还有上涨的可能，但若跌破了布林线下轨，那上涨就基本无望了，就算还会涨，近二三十分钟也很难出现适合介入的多头形态，所以，这也是一个非常重要的多空转折信号。

网络内训学员王义民：

第三个技术特征就是价格下跌后反弹的过程中，反弹高点受到了布林线指标上轨的压力，原本的支撑转变成为了压力，这意味着价格进入了空头状态。

一阳：

在多头性质的波动中，支撑作用是非常明显的，而在空头波动中，压力作用则是非常明显的，因此，只要发现价格的高点被中轨或是被上轨给死死地压住，便可以确定，此时的波动具备空头的性质。

三个技术点结合在一起，在短时间内，菜油也就很难再有操作机会了，投资者需要保持耐心观望。做多，菜油一阳态，做空，分时线又在均价线上方也不适合。停下来喝杯茶，活动放松一下。

菜油1701合约2016年9月26日1分钟K线走势图（图5-12）。

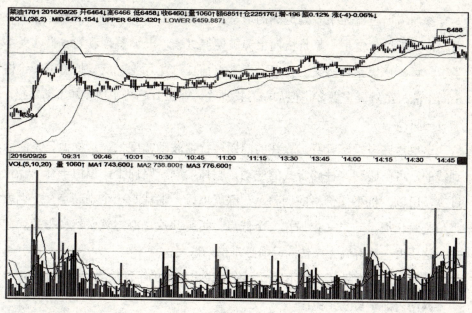

图5-12

一阳：

菜油1701合约虽然形成了空头的形态：上轨受压力，也放量跌破了之前的低点，但无奈分时线处于均价线上方，保持着多头形态，故此就算形成空头的形态，但却也不能很好地跌下来，而是形成了较长时间的缓慢震荡的走势，价格波动幅度虽小，但多头迹象还是比较明确的，具体体现在哪里（图5-12）？

网络内训学员王义民：

调整之后，随着价格的上涨，布林线指标中轨一直保持着上升的趋势，中轨的向上那也就说明价格形成了明显的多头状态，缓慢上涨过程中曾出现一次调整，但调整的低点得到了布林线指标下轨的强大支撑，进一步显示出了明显的多头状态。

一阳：

对于这种类型的波动，操作的手法上要以逢低做多为主，除非看到非常规律的量价形态才可以进行突破性质的操作或是追涨的操作。

网络内训学员王义民：

参加培训之前如果看到这样的形态那就要赔大钱了，做多应当也是会去做的，只不过肯定是一见价格向上突破便追进去，一调整，看到亏损就受不了了，可一止损完价格又上去了，恨不得抽自己几耳光。反复折腾中，价格不断上涨，虽然一直做多，但却左右挨耳光，在上升趋势中做多却不断亏损。

一阳：

这也是许多投资者身上存在的问题，行情波动幅度大，这样做还是能赚到钱的，可一碰到这种碎步式的波动，整体的确一路向上，但由于介入点位过高，所以，抗不住价格的调整，一涨就追，一追就是一个小高点，一调就害怕赶紧止损，结果又止损在一个低点。折腾几次，心态就必然变得急燥起来，这要再一赌着气去操作，亏损必将越来越大。

其实这种形态做起来并不困难，你能说出操作的手法应当是怎样的吗？

网络内训学员王义民：

对于这种形态，做突破肯定是不行的。突破都不能做，追涨更是完全错误的，以前操作就是踏不准市场的节奏，这肯定要受惩罚，现在学了老师的方法这种形态就难不住我了。

在布林线指标中轨上升角度比较平缓时，适宜用支撑的方法来逢低进行做多操作，只要价格回落到布林线中轨附近便可以开多单，而后，价格到达布林线指标上轨附近并出现放量时，就先平一下多单，再继续等待下一个逢低做多的机会。

一阳：

价格波动幅度小，在操作的时候，获利预期必须要降下来，这种形态下，根本不可能赚到高额的收益。收益是市场奖励给我们的，波动宽就多赚些，波动小就少赚些。从布林线较窄的情况来看，这一区间市场只给我们小钱赚。

菜油1701合约2016年9月26日3分钟K线走势图（图5-13）。

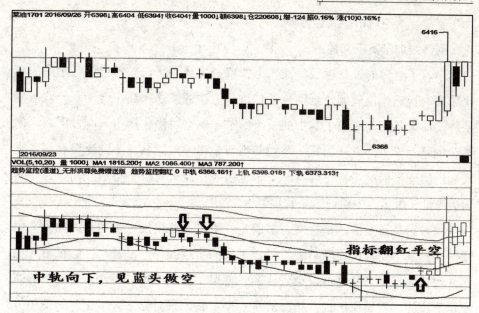

图5-13

一阳：

用传统的方法介绍了菜油1701合约一整天大的技术特征以后，我们再来看一下趋势监控指标对这一天的菜油又是如何提示的，以及指标的提示效果到底怎样（图5-13）。

网络内训学员王义民：

效果肯定没得说，这一点我现在越用指标心里越有底了。现在只要出现中轨向下见蓝头与中轨向上见红头的信号便会毫不犹豫地冲进场中，这样做真比以前瞎做乱做强白倍千倍。

夜盘期间，趋势监控通道指标中轨明确向下，指明了交易的方向，操作上必须要做空，具体做空的手法为：等指标随着价格的反弹翻红（形成空心指标K线），而后一旦指标重新翻蓝（形成实心指标K线），便意味着反弹的结束，价格又将会重新回落，此时便可入场开仓。

一阳：

从图中的走势来看，第一次做空是失败的，是要亏上手续费加一二个滑点的，这种小亏根本不用往心里去。第二次做空形态成功，一直拿到临近收盘指标才给出了平仓空单的信号。由于中轨向下，所以当指标翻红时，只能平仓空单，而绝对不能入场做多。

网络内训学员王义民：

学习了老师的方法以后，操作上的确开始盈利了，只不过要考虑的因素比较多，当然这也理解，老师为了使这个方法的成功率高，会加入一些限制条件。如果某一天疏忽了其中的一个细节，就会对操作产生影响，所以，需要我们精力集中，方法的每一个细节都要记得滚瓜烂熟。不过免费获得了老师赠送给学员们的指标之后，一下子觉得操作原来可以变得这样简单：中轨向上见红头做多，中轨向下见蓝头做空。

刚开始是怀疑的，指标网上多的是，可以免费用的也多的是，如果真能赚钱，谁又会免费送给学员呢？可看了您的实战操作，以及自己尝试着去操作，我认为指标真的是可以赚到钱的，使用布林线指标能赚钱，自然趋势监控也能赚钱，正如您所说：指标就是一个工具，只要你掌握了正确的使用方法，任何工具都可以成为神器。

一阳：

我反对把指标神化，更反对指标的无用论。指标最大的作用就是节省精力，这一点在股市上效果更明显，近3000只个股，想从三千多只股票里选出几只好的个股，太费精力了，便有指标了，使用条件选股：趋势监控翻红，不到一分钟当天翻红的个股就出现在你眼前了。它的作用就是缩小了目标范围，是看三千多只个股费劲呢，还是看一二百只或是二三十只费劲？

而在期货上，指标的作用就是直观地提示投资者介入点所在，做多就是红色，做空就是蓝色，符合大家对涨和跌颜色上的识别习惯，所以就显得非常直观了。简单，直观，有效，在顺势的同时，指出中途插进一步的机会所在，自然对提高交易的精准度有很大的帮助了。

菜油1701合约2016年9月26日走势图（图5-14）。

一阳：

夜盘临近收盘的时候，指标虽然翻红了，但是不可以操作，因为方向并不符合。虽然说见蓝做空，见红就多是完全正确的操作，但由于大多数投资者心理素质不过关，操作上绝对不能放得这么开，必须要有些约束，故此，中轨向下时，翻红绝对不能做多（图5-14）。

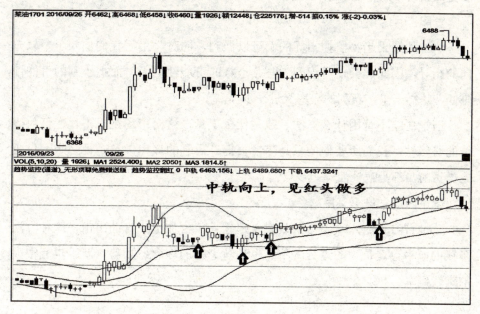

图5-14

网络内训学员王义民：

少一点贪心，只做属于自己的交易机会，坚守一种获利模式就足够了。按老师的手法来操作，其实非常轻松，以前操作忙手忙脚的，现在则是心清神定，有方向有形态就操作，没方向没形态就耐心去等。

从日盘的走势来看，给出了好几次交易的机会，亏个手续费滑上一二个点的小亏有两次，小赚的机会有两次，大赚的机会有两次。小赚完全覆盖了所有交易的手续费以及小亏的亏损，而后次大赚则实现了非常可观的净收益。

一阳：

一个工具好不好，并不在于它能帮投资者赚多少钱，而是它能不能帮助投资者真正的回避风险。风险来的时候，不让投资者被套住，这是任何一个工具的首要任务，然后才是在机会来的时候可以让投资者及时的上车。

网络内训学员王义民：

这些趋势监控都做到了，方向它能提示，做多与做空的介入点都能提示。风险也就是交易手续费加上开仓上的一二个滑点，仅此而已，这种风险谁都承受得了，而只要一来行情，就是一把大的，真的就实现了老师所说的：只要交易结果中只存在小赚、大赚、小亏，就必然是盈利的。

一阳：

这三种结果趋势监控指标的确可以做到，同时，由于我们加入了中轨方向的指导，因此，会使得捉到大赚、小赚的可能性更大，而把小亏的可能性降低，这样一来，获利的概率又进一步提高了。

请记住：不管用什么方法，或是什么工具，这个市场绝对不存在任何赚钱的必然性，我们所要做的只是尽量去提升盈利的概率。凡是说必赚、包赚之类话的，都是瞎扯淡。

网络内训学员王义民：

菜油1701合约六次出击的效果在那摆着，再加上夜盘的出击，这种方法赚钱的概率也真是大的过分。不过也理解老师的理念：顺势，新手也有很大的赚钱概率。

第三节　豆粕1701合约日内案例解析

李助教：

豆粕1701合约2016年9月26日的案例由我来进行交流，同时，对购买一阳老师著作读者朋友，都可以加我的QQ：987858807索取赠送给您的20个期货内部视频培训课件。

豆粕这个品种算是一个常态活跃的品种，加上成交量比较活跃，委买委卖单子比较大，所以，无论是小资金还是中等规模的资金都可以在它身上进行日内投机的交易。

同时，豆粕与菜粕运用笔者创立的套利技术进行交易，或是使用大连组合交易指令，大豆对豆粕按笔者创立的套利方法套利，再或者豆粕与豆油之间套利都可以。所以，不管是日内交易还是套利交易豆粕都值得关注。

一对众现场培训学员陈健可：

刚接触一阳老师不久，便知道老师要在北京举办7天的现场实盘培训，于是第一时间报了名。老师的培训时间比较长，总共7天的时间，这让我们学员有机会可以学到更多的实战技巧，并且还可以当面见证一阳老师是如何在实盘之中运用教我们的方法实现盈利的，让我们学员看到了每一步交易的细节，7天的学习收获真是太多了。学习期间看到老师经常关注豆粕，所以现在我也天天把豆粕放在我的自选品种主盯，正如您所说，它即可以做投机，也可以用老师的方法做套利，再加上较高的活跃性，这个品种真是为我带来了不少的收益。

李助教：

国内许多的现场培训都是周末两天，且不说培训效果如何，仅两天的时间学员又能学到多少东西？而且这些培训两天的费用还要比我们7天的费用贵数倍，很显然，这种周末班只是为了赚学费。

一阳老师推出的7天现场培训，就学费来说，在国内找不出第二家更低的；从培训内容上来讲，找不到第二家更全的；从培训形式上来讲，更是找不出第二家敢于连续5天当学员面进行实盘操作的。要知道，当着学员面进行操作是绝对考验老师的综合交易能力，压力是第一大关，当别人面交易跟自个私下交易的压力可完全不同，如果心理素质不过硬，根本不敢这样做。获利能力是第二大关，如果老师赚不到钱，如何向学员交待？还如何厚着脸皮去教学员，巴巴地讲了一堆所谓赚钱的方法，结果老师自己一分钱都赚不出来，这得丢多大的人啊。这也是为什么国内的期货培训都放在周末举办的原因，因为学员根本无法见证老师的获利能力，就算有的培训号称所谓实盘培训，的确是实盘培训，因为老师只是盘中动嘴，根本不敢动手交易，这样一来老师怎么说怎么对，这不是瞎扯淡吗？一阳老师则不同，在7天超长的培训中，必须要有5天的实盘操作，让学员在这5天的时间内亲眼见证老师是如何实现盈利的，通过老师的操作，给学员树立信心，让学员彻底明白：只要有正确的方法就必然可以赚到钱。这种7天的现场实盘培训也有一个小缺点，就是学习时间太长了，许多上班的投资者不方便请假。

一对众现场培训学员陈健可：

我当时就是费了好多口舌才请下来假的，7天的时间换来一辈子可以赚钱的手艺，这是多么超值的一件事啊！

李助教：

好了，我们言归正传，继续说豆粕。进行期货交易，一定要对各商品期货的特点首先了解一下，按一阳老师说：双粕还属于是常规龙头品种，上涨或下跌，豆粕或者菜粕总爱出现在涨幅前列或跌幅前列。对于容易上榜的品种，都应当纳入主盯品种之中。

一对众现场培训学员陈健可：

双粕、棕榈、沪镍、橡胶、螺纹这是几个常规龙头，它们几个总爱霸屏，经常占据涨跌幅排行榜榜首，老师也曾说过：波动较活跃的品种是最容易形成经典交易形态的。如果没有听老师的课程，别说交易技巧了，就连这些交易品种的基本认识都不知道，真是不敢想以前都是怎么就学了这么多自己觉得有用，但其实半点用都没有的知识。

李助教：

许多投资者都是这样，自以为懂得很多，资金却不断亏损，一阳老师说的好：交易的结果就是学习状况最好的体现，一直赚不到钱，那就证明上到思维方式，下到具体交易手法全部错误，能意识到错的，赶紧想办法改正，意识不到的，那就只能继续错下去了，市场如果大多数投资者都醒悟，在市场中犯的错误越来越少，市场中的钱那可就超级难赚了。言归正传，我们讲解豆粕的走势。

豆粕1701合约2016年9月26日分时走势图(图5-15)。

图5-15

李助教：

一阳老师是极为注重交易方向这个技术细节的，就豆粕1701合约的走势来看，这一天的交易方向应当是如何的(图5-15)？

一对众现场培训学员陈健可：

夜盘开始的时候，前40分钟时，分时线位于均价线上方，此时的技术形态意味着要进行做多的操作。

李助教：

虽然此时价格是低开翻绿状态，但并不要因此而影响对交易方向的判断，交易方向是分时线与均价线关系决定的，而不是高开、低开或是价格翻红翻蓝（上涨或下跌)决定的。

一对众现场培训学员陈健可：

保持了四十多分钟的多头状态之后，分时线向下跌破了均价线，这意味着价格的多空性质在此时转变了，由之前的多头状态改变成为了空头状态。价格多空状态的改变，操作的方向自然也要随之改变，由之前做多看多的思路，转变成为做空看空的思路。

李助教：

分时线跌破了均价线之后，便始终位于其下方，虽然其间也出现了多次各种形态各种幅度的反弹，但这些多单机会一个也不能要，而是要坚定地顺从分时线与均价线的关系始终做空，从技术形态来看，做空赚钱的难度也的确比做多赚钱的难度低很多。

一对众现场培训学员陈健可：

一阳老师这种判断交易方向的方法非常简单，但却十分有效，也正如老师所说：只要按这种方法进行操作，必然不会出任何大问题，至多就是因为介入点把握不够细腻而出现的一些小问题。我现在的交易就是这样，严格执行老师交易方向的情况下，像以前一样大亏的事情根本就不会出现了，但是一旦违背，就会很容易出大事。

李助教：

一阳老师所讲的每一个方法都是他多次实战交易以后的心得，没有实战经验的人也绝对不可能讲出这些方法的，老师走过的弯路，我们没必要非得去走一遍，只要按老师所指明的方向前进便可以。

豆粕1701合约2016年9月26日1分钟K线走势图(图5-16)。

李助教：

从夜盘开盘后的走势来看，价格在波动的时候，整体K线都在首根K线上方，在交易方向上形成了统一的共识(图5-16)。

一对众现场培训学员陈健可：

分时线在此时位于均价线上方提示做多，首根K线提示做多，记得老师说

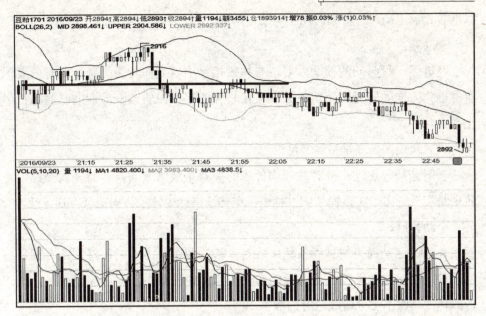

图5-16

过，如果多种分析方法指明的方向是完全一致的，那么，这种方向就将会是非常可靠的。

　　并且在经过了一段时间的震荡之后，布林线指标中轨也同步形成了上升的趋势，三者一致向多。因此，就算这一区间赚不到钱，操作的方向也必须要是做多的，因为此时根本找不到任何做空的技术理由。

李助教：

　　我们进行实战操作的依据是什么？未来的走势是不可预测的，没有任何一种方法或是指标可以预测未来，这是绝对不可能的事情，但我们可以利用当下的数据，基于历史的统计来确定眼前的操作，比如说分时线在均价线上方时，应当做多，这是为什么呢？因为基于历史上的表现来看，只要分时线在均价线上方，90%以上的概率价格是会上涨的，因此，当我们发现这种现象时就可以去做多了。

　　利用当前的数据，执行眼前的操作，那么我们根据这一根K线刚开了仓，一下根K线出现时就让我们出局，也要每一次都去执行。

一对众现场培训学员陈健可：

　　有开仓信号就去开仓，不去想未来会怎样，与持仓方向波动一致的，那就准备止盈出局，与持仓方向相反的，那就止损，去想去猜没有任何意义。

李助教：

经过了一段时间的波动以后，布林线指标中轨方向转为下降，此时就要留意操作方向的转变，多单也必须要在布林线指标中轨改变方向的时候择机止损。

一对众现场培训学员陈健可：

一阳老师曾说过：分时线与均价线的关系是战略方向，而布林线指标中轨则是实战方向，实盘操作的过程中，布林线指标中轨的方向更具有指导性。

李助教：

是的，这是因为布林线指标中轨对价格的跟踪更为及时，特别是有夜盘的品种，在日盘的期间，更是要以布林线指标中轨为主了，因为日盘时，均价线往往会跟不上分时线运行的节奏。

一对众现场培训学员陈健可：

在布林线指标中轨转为下降趋势以后，K线也跌到了首根K线的下方，同时，价格反弹的时候，布林线上轨的压力作用也体现了出来。只要压力发挥了作用，那就意味着当前的价格波动进入了明确的空头状态之中。再结合着方向来看，做空的机会明显的到来了。

豆粕1701合约2016年9月26日1分钟K线走势图（图5-17）。

李助教：

豆粕的价格在转为下降趋势之后，布林线指标与K线形态保持着怎样的关系（图5-17）？

一对众现场培训学员陈健可：

布林线指标中轨始终保持着空头排列的状态，不断地指明着做空的方向。同时，价格在下跌的过程中，布林线指标的上轨，以及布林线指标的中轨都产生了明显的压力作用，压力作用一次次的出现，意味着价格在当前一直保持着明确的空头状态。

李助教：

中轨方向向下，中轨或是上轨压力作用明显，这是空头状态两大常见特征。在此情况下，价格持续回落的概率就将会是极大的，面对这种走势又应当如何操作呢？

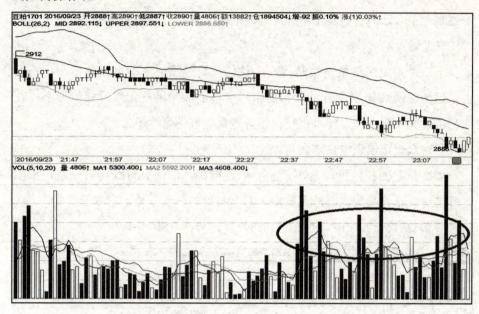

图5-17

一对众现场培训学员陈健可：

方向指明以后，接下来就是寻找具体的介入点，在价格下跌的过程中，有三大操作手法：一是逢高做空，针对的是价格下跌出现反弹的走势；二是突破，针对的是价格反弹彻底结束时的走势；三是追空，针对的是下跌正在进行的走势。由于追空这种操作手法并不适合大多数投资者，所以老师主张我们使用逢高做空的操作手法，并配合突破。

进行逢高做空操作讲究的就是压力，所以，在价格反弹到中轨或是反弹到上轨的时候，都可以将这些压力点视为是介入点。

李助教：

逢高做空技巧并不难，只要投资者保持足够的耐心就可以了，因为下跌之后反弹必然会出现的，多与空就好像是下棋一样，你下了白子，就该我下黑子了。在逢高做空操作时，需要细化一下细节，毕竟不是每一次的反弹都正好到达压力点，突破压力点的形态如何做？反弹并未到达压力点的形态又该如何做，这些细节关也是必须要打通的。

一对众现场培训学员陈健可：

在价格下跌的过程中还出现了一种非常经典的走势：放量下跌形态。只不过唯一不太好的一点就是阳线反弹时的成交量没有能够缩得更小。

李助教：

下跌带量说明资金做空是比较主动的，反弹虽然未能缩得非常小，不过也是远低于阴线量的，所以，算是相对合格的放量下跌无量反弹的形态，在这种量价关系配合下，便可以使得下降趋势更好的延续下去。

一对众现场培训学员陈健可：

成交量是油门，价格是车，想要车跑得快，油门就得踩得大一些，一阳老师的这番话我是深深的印在脑中，对量与价的解读真是太形象了。

豆粕1701合约2016年9月26日1分钟K线走势图（图5-18）。

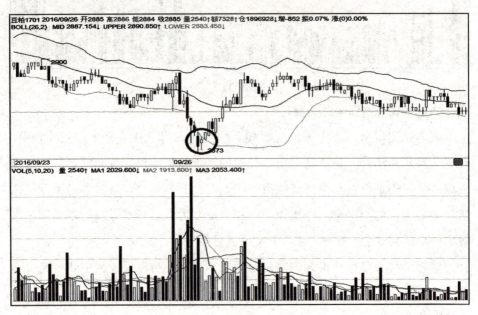

图5-18

李助教：

在布林线指标中轨一直保持下降趋势的情况下，价格经过较长时间的震荡下跌后，出现了一波加速下跌的走势，虽然下跌持续的时间并不长，但就整体波段来讲，下跌的幅度还是非常大的，这一时期的加速下跌有什么样的技术特征呢（图5-18）？

一对众现场培训学员陈健可：

价格想要跌得快，跌得多，必须要有足够的动力，这个动力就是资金，也就是说必须要资金集中杀入场中的迹象。在价格加速下跌的过程中，成交量急剧的放大说明资金积极地向场中介入，这也就是老师常说的：哪里有量，哪里就有机会，大量大机会，小量小机会。

李助教：

成交量的变化的确是价格快速杀跌时的一大技术特征，除此之外，K线形态与布林线指标中轨也形成了一个非常重要的技术特征，它的特点又是怎样的呢？

一对众现场培训学员陈健可：

在价格下跌的过程中，K线全部位于布林线指标中轨的下方，形成了强势下跌形态。而这种形态的出现，也往往会伴随着巨量的一起出现。

李助教：

强势下跌形态的出现，可以简化操作时的压力，只要K线一直在布林线下轨下方，不管是阴线还是阳线，都可以继续坚定地持仓。同时，它的出现必然会伴随着巨量，如果没有明显的放量，强势下跌走势是不可能单独存在的。

如果此时手中持有空单，又该如何止盈离场呢？

一对众现场培训学员陈健可：

只要K线一直在下轨下方便可以继续持仓，而一旦回到通道内部，便需要止盈离场了。回归通道内部的标准为：这一根K线明确定型，而不以盘中价格的变动，以防上影线或下影线造成干扰。一旦这一根K线比如说进行到58秒，马上就要定型，或在定型之后第二根K线一开盘时便可以平仓空单。

李助教：

完全正确，不过面对这种形态时有一点需要注意，那就是时效性，因为这种形态具有高获利、操作简单的特点，属于极其完美类型的技术形态，所以，它也绝对不可能长时间延续，一般来讲，能保持5～10根K线的时间长度就非常不错了。

豆粕1701合约2016年9月26日1分钟K线走势图（图5-19）。

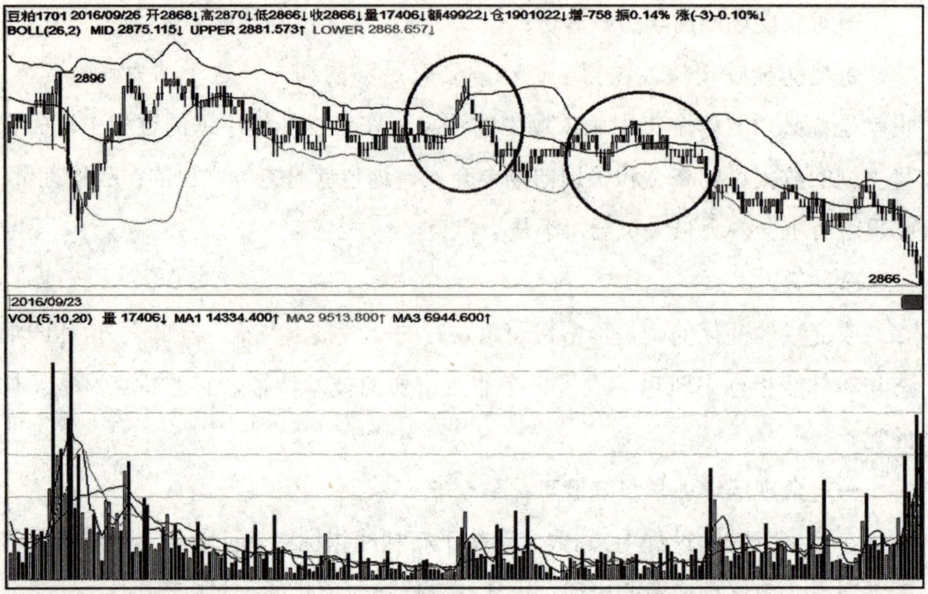
豆粕1701 2016/09/26 开2868↓高2870↓低2866↓收2866↓量17406↓额49922↓仓1901022↓增-758 振0.14% 涨(-3)-0.10%↓
BOLL(26,2) MID 2875.115↓ UPPER 2881.573↑ LOWER 2868.657↓
2896
2866
2016/09/23
VOL(5,10,20) 量 17406↓ MA1 14334.400↑ MA2 9513.800↑ MA3 6944.600↑

图5-19

李助教：

快速杀跌之后价格大幅反弹，但随后便又进入了空头状态之中，布林线指标中轨下降趋势的再度形成便意味着要继续入场进行做空的操作。操作策略依然不变：价格的反弹触及到压力的时候便可以开仓了(图5-19)。

一对众现场培训学员陈健可：

这一轮下跌的过程中，价格的走势变得不规律起来，并且还会引发止损行为的出现。第一次使得空单止损的点是在价格向上突破布林线指标上轨的时候，一阳老师曾说过：在布林线指标中轨向下的时候，上轨便是空方最后一道防线，一旦价格向上顶破上轨，不管什么位置开的空单都需要进行止损操作。

李助教：

没错，在价格下跌的时候，如果中轨的压力可以守住这将会是最好的，不过这个要求有些高，属于第一道防线，所以，我们放宽一些条件，中轨向下时，只要上轨可以压住价格，那就意味着空头形态的确定，可以继续持仓，而一旦顶破上轨就必须出局。

第一次顶破上轨时，成交量也出现了放大的迹象，但此时我们无法搞清楚放量到底是多头资金的介入，还是空方资金的离场，由于上轨已失守，量能的性质也就必须要去管了，此时唯一做到的就是及时离场出局。

一对众现场培训学员陈健可：

要放以前的时候，止了损看到价格又重新跌了回来，我就会马上变得急躁起来，而现在则可以很平静的面对价格的这种波动了，该止损就止损，这是底限不可逾越。止损以后，价格如果可以继续下跌，再另行寻找战机便可以了，但若一飞冲天，那可就坏大事了。在止损面前，绝对不能有一丝丝的侥幸心理，你认为这一次不止损价格掉了下来，就算掉下来十次又怎样？一次就足以暴掉你的资金，市场中这样的案例太多了，每一波行情的出现都必然会消灭掉一批心存侥幸不严格止损的投资者。对于因为不止损而巨亏的投资者，只能说一句：活该！

李助教：

第二次的止损与第一次大致相同，都是顶破了布林线指标的上轨，不过第二次没有出现放量现象，既然把上轨做为了空方的底限，当底限遭到挑战的时候，也唯有先退出来先看看。退出来以后手中有了资金，一旦价格再形成适合做空的形态再重新入场操作就可以了。

从布林线指标通道的宽度来看，价格波动时的幅度并不大，这也就意味着止损进行时并不会亏多少钱，在后期形成了标准介入点的时候，一把就全部赚回来了。

一对众现场培训学员陈健可：

止损亏一个小钱，而这个小钱随时可以赚回来，重要的是手中又握住了现金，可以随时出击新的机会，否则手中一直拿着亏损的单子，那些可以翻身的机会也就无从把握了。退出其实是为了更好的前进，这句话是对止损最好的总结。

豆粕1701合约2016年9月26日3分钟K线走势图（图5-20）。

李助教：

接下来我们再来看看一阳老师的神器：趋势监控指标是如何把握豆粕1701合约在2016年9月26日这一天的获利机会的。

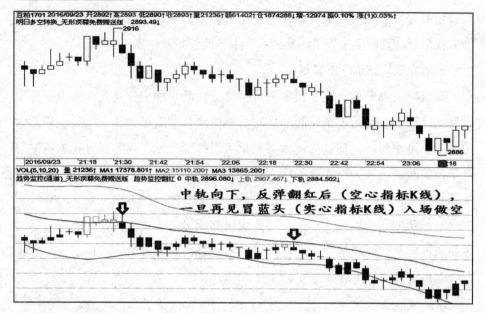

图5-20

在9月23日夜盘的时候，趋势监控通道指标中轨明确向下，此时应当如何操作(图5-20)？

一对众现场培训学员陈健可：

此时采取的正确操作方式是：做空，并放弃一切做多的想法。中轨向下，见蓝头便可入场做空，而见蓝头的前提是：价格的反弹使得指标先翻红，也就是形成空心的指标K线，随后就耐心等待反弹的结束，一旦指标重新翻蓝，便意味着反弹的结束，这个时候就可以入场进行做空操作了。

李助教：

在实际的操盘界面，指标只有两种颜色，红色是做多信号，蓝色是做空信号。在单色印刷的书籍中，红色做多信号显示为空心指标K线，蓝色做空信号显示为实心指标K线。

一对众现场培训学员陈健可：

指标的这种显示方式我认为对持仓有很大的帮助，看到红红的指标K线多单拿在手中就好像有了十足的底气一样。同时，蓝色的做空信号一直出现，拿着空单就好像吃了定心丸一样，任凭赚到了多少钱，都不再感到发慌了。

李助教：

为什么要说指标这种工具极为重要呢？一方面它极大地简化了我们分析的压力，使一些数据结果可以快速且直观地显示在我们面前，让我们用最小的精力做出最正确的反应。另一方面，对于我们的交易心态也会产生调整的作用，就好像你说的一样，如果手中拿着多单，看到指标K线一路红色自然会有底气。最后就是它避免了人性的弱点，以前赚一点可能就会跑，而现在只要指标不给出局信号完全可以一直拿着。

一对众现场培训学员陈健可：

就像夜盘的走势一样，总共两大波下跌，而如果按指标信号来做，这两大波下跌一波也跑不掉，这可比自己在那分析半天执行的操作结果要漂亮得多。

豆粕1701合约2016年9月26日3分钟K线走势图（图5-21）。

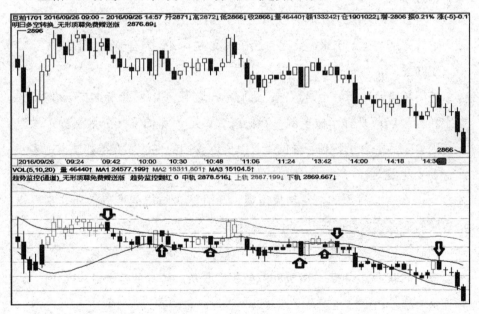

图5-21

李助教：

夜盘期间豆粕1701合约的走势比较简单，到了日盘之后，波动变得相对复杂起来，不过，使用趋势监控指标依然可以实现盈利。你先来说一下日盘期间整体走势的特点吧（图5-21）。

一对众现场培训学员陈健可：

日盘期间价格波动变得上蹿下跳的，不过规律还是依然存在的：趋势监控通道指标中轨依然保持着明显的下降趋势，这意味着依然要继续进行做空的操作，而操作的手法依然不变：见蓝头便做空。

李助教：

从日盘的走势来看，指标一共给出了七次的操作信号，其中三次实现了还算不错的盈利（箭头朝下），第四次的出击为平手出局或是开仓的滑点微亏（箭头朝上）。用其中一笔盈利去覆盖所有的交易成本与滑点的亏损，另两笔则实现了净盈利，这样一来加上夜盘的两笔交易，这一整体总共实现了四次较大的盈利。

一对众现场培训学员陈健可：

小亏是允许的，只要没有大亏，就等于踏上了盈利之路。指标可以避免大亏，可以实现小赚，更可以实现大赚，再加上方向这个约束条件，工具的威力也就完全发挥了出来，比起自己在胡乱做不知要强态多头少倍。

李助教：

使用趋势监控指标也是这样：我们不知道下一根K线指标会提示做多还是做空，只要当前是提示做多的，我们就去做多，那怕下一分钟又提示做空。正是因为生活了有了各种各样的工具，所以我们的生活才变得如此丰富多彩，而交易上也是这样，正是因为我们有了好的交易工具，也会正确的使用它，才会有这么省心省力的交易结果出现，而且这种结果的准确性还非常不错，最主要的就是这么好的工具，还是免费赠送给学员们使用的。

同时，如果大家对本书中所讲解的任何方法有不理解的地方，均可按本书前言中的联系方式QQ：987858807与我们联系，届时会有更多的操作技巧视频提供给您，相信这些视频课程会进一步提高您的实战水平！

第四节　淀粉1701合约日内案例解析

一对众现场培训学员汤云蕾：

我报名了一阳老师在上海的7天现场实盘培训，后来听说老师在广州或是深圳也会举办，赶紧告诉了我在那边的期友，好几个朋友都向我询问开课的时间。我的期友虽然还没见过一阳老师，但通过我的经历已经深深的被一阳老师的实战技术给折服了。

在没有跟老师学习之前，我在我们期友群里没事就问大家什么品种能做，什么品种有机会，搞得期友们都觉得我很烦，毕竟大家都赚不到钱，你还一个劲问，谁会不烦呢？可当然参加了老师的培训之后才明白我亏钱的原因：上至理念错误，下至方法皆无。不过老师说我的悟性还好，7天的学习学会了大量的操作技巧，同时，老师还为我开了小灶，为了我制定了具体的交易策略，现在我靠着老师所讲的交易策略，经常性的在群中提示我那些期友们操作的机会，跟着我他们全都赚到了钱，然后就向我打听怎么一回事，时间不长我居然长劲这么大，看着他们佩服的言词内心真是非常开心。

王助教：

现场培训可以与老师进行更为有效的沟通，有什么技术上的疑点都可以及时的解决掉，再加上7天现场实盘培训课程的全面性，学员们的水平都可以得到整体性的提高。最主要的就是通过其中5天的实盘操作，可以让学员们进一步深入地解每一个方法实盘运用的细节。老师统一定制的课程可以满足大多数投资者学习的需要，因此，每一个参加培训的学员实战水平提高的效果都是非常明显的。

只不过北、上、广深这四地的培训每年只会有两到三场，因为老师操盘比较忙，不可能经常举办，所以，您的朋友只能多等一等了，不过我相信，等待肯定是值得的。

一对众现场培训学员汤云蕾：

之前听一阳老师的视频，其中一段话让我非常有感触，老师说：你赚的并不是钱，而是未来的医药费。夜晚该静心的，你打起了十二分精神，搞得神经兴奋，想睡也睡不好，莫说投资者平均35岁以上的年纪，就是让一个二十多岁的小伙子天天熬夜做夜盘他的身体也受不了。有赚钱能力的，日盘也就赚到了，没赚钱本事的，24小时天天开盘，你该赔还得赔。

正是听了老师的话，我现在才完全放弃了夜盘，而只做日盘波动也算比较活跃的玉米淀粉了。现在休息的好了，每天早上起来头脑都十分清醒，比以前做夜盘时的精神状态要好多了。

王助教：

我们现在的交易也是这样，夜盘基本上不做，主要就做日盘，近四个小时的交易时间，怎么着也会有那么一二次机会让咱们赚的，用不着天天熬夜，熬坏了身体赚到的钱真不见得能顶得上医药费，年纪大一些的朋友更是要注意这一点。交易只是我们生活的一部分，它的进行只允许让我们的生活质量变得更好，而不是让我们的生活质量变得更糟糕。如果因为交易你的生活质量变得糟糕起来了，那么，这个市场就不适合你。

你选玉米淀粉做也是非常适合的，它属于稳健波动类型的品种，价格的波动规律性也非常强，这个品种我也经常关注以及操作，我们一起来看一下它在2016年9月28日有着怎样的表现吧。

玉米淀粉1701合约2016年9月28日分时走势图（图5-22）。

王助教：

您跟老师进行了学习，想必也知道面对技术图表时第一件该做的事情是什么（图5-22）。

一对众现场培训学员汤云蕾：

在确定了整体盘面多空状态之后，面对具体品种时，第一件事自然是要确定交易的方向了。

从玉米淀粉1701合约的走势来看，早开盘前40分钟时，分时线整体在均价线上方的迹象明显，但这个时候没有什么好的交易形态。随后在价格跌破

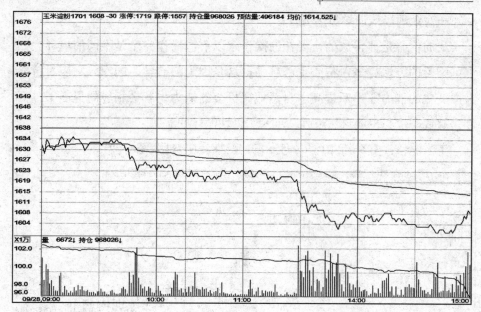

图5-22

了均价线，以及跌破了早开盘低点以后，方向变得十分明显了，并且在随后的时间里分时线全部在均价线下方，做空是这一天的主要操作方向。

王助教：

交易方向一旦确定，就意味着一半的分析工作完成了，接下来就是往里套具体的介入细节。方向可能会随时变化，但介入细节却是死的，突破的细节永远都是一样的，逢高做空的也是永远都不变的，当然，这里不变的是核心思路，根据实际形态而进行的微调是正常的，而微调的幅度也绝不会与核心手法偏差超过10%。

一对众现场培训学员汤云蕾：

以前操作的时候，根本没有在意过方向，所谓的方向不过是见到上涨便做多，见到下跌便做空，像老师这样有明确统一要求的方向约束条件想都没有想过。

王助教：

一阳老师的方法也不是上来就有的，都是在市场中撞得头破血流之后，再经过老师的指点，加上自己的努力才取得了一些成绩。大家只要按老师的正确方法去执行操作，也肯定是可以实现盈利的。

一对众现场培训学员汤云蕾：

我的信心是非常大的，现在的操作跟以前的操作完全是不同的境界。跟老师学习的方法越多，信心也就越强，这是因为随着学习的深入，应对价格盘面变化的能力在不断提高，自然把握机会的能力也就会相应的提高了，而越是赚钱，信心也就自然越强，步入了良性循环的状态。

玉米淀粉1701合约2016年9月28日1分钟K线走势图（图5-23）。

图5-23

王助教：

玉米淀粉在刚开始的时候，有方向，同时也有介入形态，但却并没有获利的机会，你怎样理解这句话（图5-23）？

一对众现场培训学员汤云蕾：

说它的走势有方向，是因为开盘后的走势整体位于首根K线上方，同时，布林线指标中轨保持着上升的趋势，这样的走势意味着方向明确。

在方向明确的情况下，价格的调整均到达了支撑位，至少在中轨向上的时候，下轨这道多方的最后防线并未被跌破，所以说有形态。

无获利机会是因为价格虽然具备多头的波动性质，但却并未起涨，因此，在支撑点所介入的多单无法获得盈利，甚至还会在价格向下跌破下轨时还有可能止损出局。

王助教：

有方向，有形态，有盈利机会，这是最理想的我们所追求的操作结果。不过市场有时的确会与我们做对，有方向，有形态，但就是不让你赚钱，碰到这种走势，也不必心伤，这是市场把形态走失败了而已，并不是我们技术运用出现了问题，此时所采取的交易方法都是正确的，而正确的操盘方法就必须去坚持，绝不能因为一时的亏损而放弃掉对它的使用。

一对众现场培训学员汤云蕾：

以前学操作方法时，一个方法让我赚到了钱，我就会觉得它千好百好，而一旦让我赔了钱，我就认为它不好，结果换来换去，越来越没有信心了，因为我觉得市场中根本就没有一个可信的方法。后来，一阳老师告诉了我，市场中正确的方法有许多种，找到它们也并不难，难的是你始终相信它，特别是它让你一时或是连续亏损时。只要你坚定地相信它，它必然会给你带来厚报。现在我深信这句话，不是方法不够好，而是我们缺少对这个方法的信任。

玉米淀粉1701合约2016年9月28日1分钟K线走势图（图5-24）。

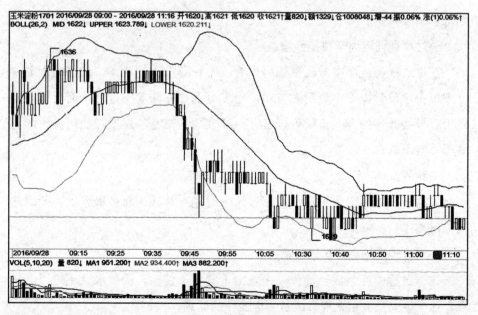

图5-24

王助教：

在中轨向上的情况下，价格跌破了布林线指标下轨的支撑，同时进一步的下跌也使得布林线指标转为了下降的趋势，在价格波动方向明确的情况下该如何操作(图5-24)？

一对众现场培训学员汤云蕾：

玉米淀粉价格的波动特点是中规中矩的，多数情况下，它并不适合进行追空的操作，所以，采取逢高做空或是突破的操作手法比较适合。而我习惯了用一阳老师的操作手法：逢高做空，所以，我绝大多数的交易都是这样进行的。

价格下跌的时候我不急着操作，而是等待反弹走势出现之后，我再根据反弹的特点寻找介入点。

王助教：

逢高做空与逢低做多是最可靠的交易方法，这是因为在准备入场之前，价格波动的多方与空方的力量变化我们都掌握了。下跌后如果反弹过于猛烈，这就说明多方力度强大，此时做空肯定是不行的，必须要放弃。而如果下跌后反弹的幅度比较小，这则说明空方力量大，价格还可能继续下跌，因此，就可以积极入场了。

一对众现场培训学员汤云蕾：

正是这样，从图中的反弹走势来看，不管哪一次的反弹，价格向上的幅度都很小，反弹幅度小说明多方弱，而多方弱则意味着空方强，而后再根据压力点寻找具体的介入点就可以了。只要理顺了交易的层次，如何操作就会变得非常简单。

王助教：

价格下跌之后出现了反弹，不过这一时期布林线中轨微微向上，此时应当如何操作？

一对众现场培训学员汤云蕾：

这一过程中应当放弃操作，中轨向上肯定不能空，而做多又不可以，所以，这个区间只能用来观察或是制定操作的计划。

　　由于此区间的波动是一个箱体，所以，操作的计划也并不难进行，价格跌破箱体下沿便可以入场开空，而后拿箱体上沿做为止损位。

　　玉米淀粉1701合约2016年9月28日1分钟K线走势图（图5-25）。

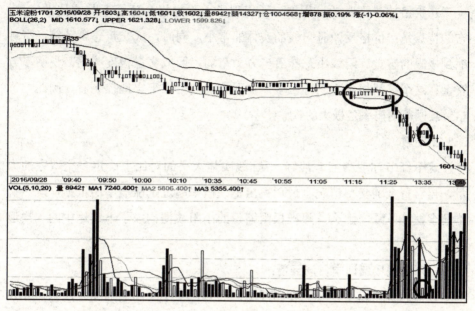

图5-25

王助教：

　　制定好跌破箱体下沿便入场的计划后，价格的波动也的确满足了条件，给出了介入的机会。但在明确破位之前却也形成了一个比较不容易发现的技术形态，这个技术形态是价格下跌之前最佳的介入点，你能说出它的特点吗（图5-25）？

　　一对众现场培训学员汤云蕾：

　　在价格放量下跌之后的窄幅波动过程中，曾出现了缩量反弹，并受到了布林线指标中轨压力的技术形态，在这个形态之中，布林线中轨已明确向下，交易的方向非常清晰，同时，压力作用的出现也表明价格此时明确保持着空头的状态。

　　有方向，有形态，自然值得入场操作。

　　王助教：

　　中轨产生了强大的压力之后，价格便开始连续回落，在下跌的过程中，成交量的放大状况非常完美，这说明资金积极地进行着做空的操作，哪里有大量，哪里就有大机会。

一对众现场培训学员汤云蕾：

在价格放量下跌的过程中，还出现了一次价格会延续下跌的技术信号，它的特点是：价格反弹时阳线的实体非常小，同时，成交量急剧萎缩，有种缩到极限的感觉。阳线小意味着多方力量弱，而成交量极度萎缩，说明多方资金在这个区间根本不支持做多，盘面依然被空方牢牢地控制着，因此，价格继续回落的概率是极大的。

王助教：

这个细节你观察的非常好，从K线实体大小的对比上确定多空双方的力量，再看资金的支持情况，最后得出下跌概率超过上涨概率的依据，既然价格还会继续下跌，那么，那根极限缩量的小阳线便构成了下跌途中的一次追空点。

一对众现场培训学员汤云蕾：

以前总觉得追空是要追在阴线上，而自从学了一阳老师的方法以后才发现，追空原来还可以追在阳线上，就好像玉米淀粉这一天的走势一样。

玉米淀粉1701合约2016年9月28日1分钟K线走势图（图5-26）。

王助教：

这一轮放量下跌成为了当天最大的一次波动形态，而后价格虽然继续保持着空头的状态，但是，能够带来的空单利润却小了许多，这其中的主要原因是什么（图5-26）？

一对众现场培训学员汤云蕾：

价格在后期虽然还有下跌，但是从成交量的变化上来看，再也无法形成之前那么大的量能了，这说明资金退潮了，脱离了资金的大力推动，下跌的幅度自然也就不会太大了。

王助教：

在放量下跌、价格反弹到上轨附近的时候，出现了一次需警惕的技术形态，这个形态有什么样的特征？

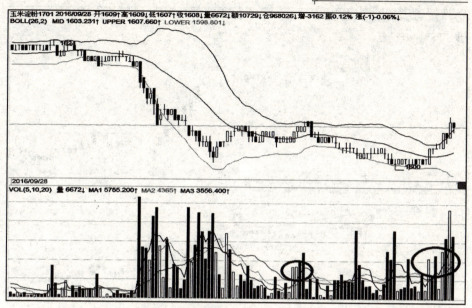

玉米淀粉1701 2016/09/28 开1609↑ 高1609↑ 低1607↑ 收1608↑ 量6672↑ 额10729↑ 仓968026↓ 增-3162 振0.12% 涨(-1)-0.06%↓
BOLL(26,2) MID 1603.231↑ UPPER 1607.660↑ LOWER 1598.801↑

2016/09/28

VOL(5,10,20) 量6672↑ MA1 5755.200↑ MA2 4365↑ MA3 3556.400↑

图5-26

一对众现场培训学员汤云蕾：

价格临近上涨时，出现了反弹放量的现象，这个现象的出现应当小心，这是因为放量的出现有可能是多方资金在介入，也有可能是空方资金在平仓，但不管什么样的情况出现，都会破坏后期进一步的下跌，所以需要保持小心，特别需要留意多方顶破上轨现象的出现，一旦顶破上轨，那就意味着空头形态暂告终结。

王助教：

这个位置的技术点总结的很好，此时的走势跟尾盘的走势有很大的相似之处，只不过尾盘多头走成功了，放量反弹走势一致，只不过多了顶破上轨的个技术现象。这样的走势一出现，便意味着空方形态彻底瓦解，顶破上轨的那一刻，空单也就不能再留在手中了。

玉米淀粉1701合约2016年9月28日3分钟K线走势图(图5-27)。

王助教：

从趋势监控指标的表现来看，玉米淀粉这一天的操作也还是不错的，只不过留给投资者出手的机会却并不多(图5-27)。

191

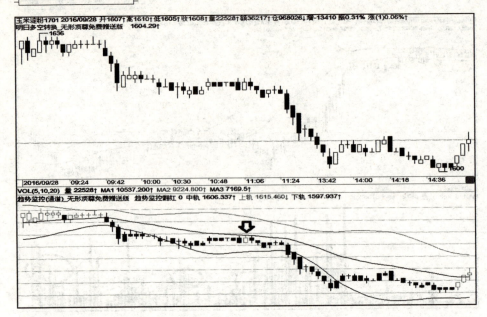

图5-27

一对众现场培训学员汤云蕾：

早开盘时有多单的机会，不过这笔多单赚不到钱，中轨虽然向上，指标在翻蓝以后再冒红头，但并没有涨起来，随后便平手出局。由于第一波下跌出现时，方向并没有明确，所以第一轮的空单机会是要错过了。

王助教：

如果完全放松条件，见蓝就做空，见红就做多，什么样的机会也跑不掉了，不过这种做法比较激进，只适用于心态非常好的投资者，能使用这种方法的投资者只能占少数，所以，一阳老师才会增加限制条件：以趋势监控通道指标中轨定方向，死做一头。这样一来，虽然会错过机会，但把握性却更大。

一对众现场培训学员汤云蕾：

我还是欣赏老师的做法：一定要确立一个正确的方向，在正确方向指引的情况下再去操作，错过机会没什么好可惜，胡乱做才会赔钱。

下跌中途价格又反弹了，这使得指标翻了红头，而后指标的翻蓝意味着反弹的结束，价格在这一天最大的那波下跌不就被捉住了吗？可见，错过机会真没什么可惜的，反而什么机会都想捉到手里的想法才是最危险的。

王助教：

做日内投机就是这样，它不像做趋势，一笔可以赚个大的，日内每一次盈利都并不大，靠的就是机会多，积少成多而实现巨额的收益，也正因为每笔收益都不大，因此，必须要杜绝过重的贪念，贪念过重在这个市场中是讨不到好的。

玉米淀粉1701合约2016年4月至9月走势图（图5-28）。

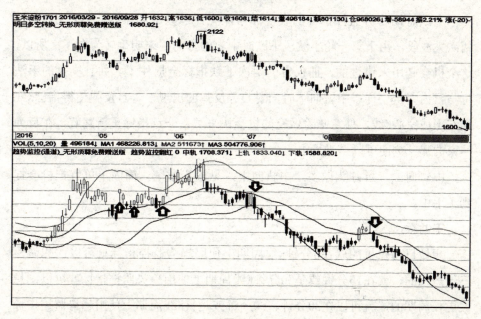

图5-28

王助教：

由于玉米淀粉没有夜盘走势，所以我们来看一下它日K线图的走势（图5-28）。在具体操作的时候，切记不要刻意人为去分什么操作周期，一阳老师的所有方法不管是分钟K线，还是小时线，或是日K线全部适用。

一对众现场培训学员汤云蕾：

以前听一阳老师说过这样一句话：3分钟K线就是60分钟K线，分时线就是日K线。那时听不明白这句话，怎么也理解不了，后来明白了，老师的意思就是让我们不要刻意去区分周期，想做日内交易的，就把K线的周期调短一些就可以，想做长周期的，就把K线周期拉长一些就行，而交易手法完全都是一样的。

王助教：

先说玉米淀粉1701合约2016年4月至6月期间的走势，这一时期价格保持着上升的趋势，趋势监控通道指标中轨向上意味着应当进行做多的操作，而交易策略与日内交易手法一样，中轨向上时，见红头便可以入场做多。于是，也就有了三次交易的机会，其中两次平手出避，一次实现了盈利。

一对众现场培训学员汤云蕾：

下跌时期趋势监控指标的表现非常漂亮，总共三轮下跌，一次小波段，两次大波段。由于第一轮小波段下跌时中轨的方向并未明确转为向下，所以，这个机会是用来错过的，而仅有的两次下跌指标全捉住了。并且操盘的手法也与日内完全一样：中轨向下时，耐心等反弹的出现，一旦反弹使得指标K线翻红形成空心K线，便意味着做空的机会快来了，一旦指标重新翻蓝，在反弹结束的那一刻便可以杀进场中。

中轨向上，冒红头做多，中轨向下，见蓝头做空，简简单单就把机会捉到了手中。

王助教：

想做日内投机的就在3分钟K线周期上使用趋势监控指标就可以；想做两三天短线的，就在15分钟或是30分钟K线周期上使用趋势监控指标就可以；想做更长周期的，就可以在30分钟、60分钟或是日K线周期上使用趋势监控指标就行。区别就是K线周期的长度，而共性就是操作的手法都完全一样：中轨向上，见红头做多，中轨向下，见蓝头做空。

第五节　白糖1701合约日内案例解析

一对众网络培训学员郭志明：

知道老师还有7天的现场培训，但是苦于家庭与工作无法参加，这让我非常苦恼，也许是像我这样的投资者挺多的吧，近来看到老师要举办7天网络实盘培训，这对于我来说真是一个天大的好消息。

陈助教：

有许多读者朋友向我们反映：超级想参加一阳老师的7天现场实盘培训，但要么家中离不开，要么单位离不开，要么地理位置不方便，等等原因无法跟老师学习，我们向一阳老师反馈之后，老师决定开办网络7天实盘培训，让那些因为各种原因无法到现场的投资者有学习的机会。

网络7天实盘培训与现场7天实盘培训的课程是完全一样的，同样也有5天的时间学员可以见证老师在实盘中是如何操作的，不同的就是一个是现场面地面进行，一个是网络视频的方式进行，除此没有其他任何差别。网络7天实盘培训只要您守着电脑就可以学习了，就算某一天您有事情无法参加培训也不要紧，因为在培训的过程中都是会同步录像的，培训结束把录制的视频发放给学员进行复习。对了，现场7天实盘培训咱们也是同步录像的，有专门的工作人员会在老师培训期间全程打开摄像机进行录制，这样就方便了学员们的课后复习。

一对众网络培训学员郭志明：

你们想的真是周到，连复习的问题也帮我们学员解决了。下面聆听您的教诲，为我讲一下白糖的案例解析。

陈助教：

白糖这个品种在没有夜盘之前，其波动是非常活跃的，那个时候也将它称之为妖糖，谁能够把白糖的日内投机做好，做别的品种那就是小意思了。不过随着夜盘的推动，白糖的波动活跃性有所降低，但它的活跃性依然是所有商品期货中较为活跃的。

一对众网络培训学员郭志明：

越是活跃的品种就越容易形成各种介入的形态，所以，我对白糖这个品种还是非常喜欢的，它也是我每天必关注的目标品种之一。

陈助教：

白糖目前做日内的话，正常情况下它可容纳的资金并不大，一口吞单只能满足50万左右的资金，所以大资金并不太适合做它。

一对众网络培训学员郭志明：

大资金多了一个风险，就是流动性风险，万一价格快速下跌，只开了几手的小资金可以从容地跑掉，但大资金因为持仓量大，所以不可能跑掉，因此，在日内开仓的时候就需要留意这个风险，看一下它平均状态下委买与委卖单子的量，根据这个量来设定开仓手数，以保证一开就全部成交，而不必等好长时间，因为等的时间越长，相应的风险也就越大。

陈助教：

没错，资金小的朋友做做白糖等活跃的品种是没问题的，但若资金量大了，就需要经常关注一些螺纹或是铁矿之类的品种了，因为它们的量都比较大，大资金可以顺利地进出。目标品种的选定一定要与自己的资金量相结合才可以，小资金可选择的范围大，而大资金则可选择的范围小，这跟做实业可完全不同。

白糖1701合约2016年9月28日分时走势图（图5-29）。

陈助教：

面对技术图表分析的第一步：确定交易的方向。你来说一下白糖这一天的方向该如何确立（图5-29）。

一对众网络培训学员郭志明：

夜盘开始后价格便出现了下跌，分时线在均价线下方呆了约50分钟，而后便向上突破了均价线，一直位于均价线上方。分时线在均价线下方时，应当看空做空，而当分时线在均价线上方时，应当看多做多。

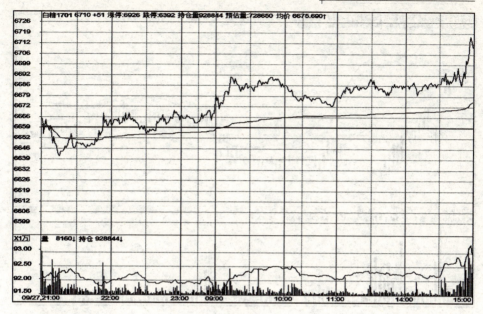

图5-29

陈助教：

白糖1701合约在2016年9月28日这一天大部分时间分时线都在均价线上方，故此，在操作的时候，这一天的交易应当以多单为主，大部分的盈利是靠多单获得的，这才是正确的交易，如果盈利是靠做空产生的，就算当天赚到了钱，这也是绝对错误的，因为这种反方向的交易手法是不提倡的。

一对众网络培训学员郭志明：

顺着好吞，横着难咽。其实赚钱并不难，方向对了，赚也就等于赚到了一半。在跟一阳老师学习之前我就认为方向是非常重要的事情，只不过在技术细节上并没有太多的解决手段，参加了老师的培训之后，这一方面得到了强化，现在做起单来思路比以前清晰了许多。

陈助教：

许多投资者做单糊涂，其实并不都是在介入点细节上犯了糊涂，而是在方向这个问题上，这样一来，后边的交易也就不太可能朝着正确的方向前进了。

白糖1701合约2016年9月28日1分钟K线走势图（图5-30）。

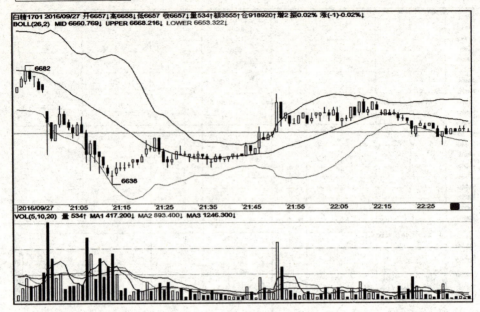

白糖1701 2016/09/27 开6657↓ 高6658↑ 低6657↓ 收6657↑ 量534↑ 额3555↓ 仓918920↑ 增2 振0.02% 涨(-1)-0.02%↓
BOLL(26,2) MID 6660.769↓ UPPER 6668.216↓ LOWER 6653.322↓

6682

6638

2016/09/27 '21:05 '21:15 '21:25 '21:35 '21:45 '21:55 '22:05 '22:15 '22:25

VOL(5,10,20) 量 534↑ MA1 417.200↓ MA2 893.400↓ MA3 1246.300↓

图5-30

陈助教：

白糖在夜盘开始后1分钟K线图中的表现比较差，使用常态的交易手段这一时期是无法实现盈利的，需要进行两次止损的操作，你分别来总结一下其中的技术特征吧（图5-30）。

一对众网络培训学员郭志明：

夜盘刚开始的时候，只能使用首根K线的方法进行操作，这种手法可以确保捉住开盘时的那波下跌。但随后的走势就不行了，先说第一次的止损操作。

由于价格是低开的，所以，布林线指标在前26根K线的时间长度内是无效的，不应去参考，而过了26根K线之后，中轨是向下的，肯定是要进行做空的操作。如果利用中轨压力进行了做空的操作，随后价格便向上顶破了布林线指标的上轨，顶破上轨的那一刻，空单就要止损出局了。

陈助教：

这个案例中，其实止损点是比较明显的，但由于受到价格低开指标失真的原因，介入点其实并不太明显。不过，按一阳老师说的：就算你不知道开仓点在哪里也没事，只要知道止损点在哪里就不会出大事。

一对众网络培训学员郭志明：

第二次则是在做多的情况下进行了止损。价格向上突破上轨以后，带动着中轨转为了上升的趋势，随后价格调整，并且调整过程中价格回落的幅度并不是太大，这说明空方并不强，所以，可以在中轨的支撑点开多单，甚至是价格刚到下轨的支撑点也可以开多单。但随后价格却跌破了下轨。

在中轨向上的情况下，下轨是多方的最后一道防线，一旦下轨失守，那就意味着多头形态彻底失败，因此，应当止损多单。

陈助教：

开仓点与止损点都非常正确。但实际操作过程，两次操作都失败了，这肯定会让投资者心态变得不好起来，但一定要理解，虽然连续止损两次，可就技术操作来讲，没有任何毛病，仅是交易的结果不是太好的而已。绝对不能因为这两次失利就否定操盘所使用的方法，你只是碰到了两次背面而已，别忘了，有两次背运也就意味着会抛到两次正面的时候。切记：成功的形态远比失败的形态多，否则，价格就不可能出现持续性上涨或持续性下跌的行情了。

白糖1701合约2016年9月28日1分钟K线走势图（图5-31）。

陈助教：

白糖的上升趋势在跌破下轨之后宣告失败，但由于分时线位于均价线上方，再加上下跌时成交量未能有效连续放大，下跌动能的不足使得价格也跌不下来。一翻震荡之后，布林线中轨又随着价格上移的波动重心形成了上升的趋势，这个时候该如何操作呢？

一对众网络培训学员郭志明：

由于中轨形成了上升趋势，因此，在操作上还是应当继续使用一贯的交易手法：逢支撑做多。

陈助教：

操作手法没有任何问题，不过在随后的走势中又有了一个新的问题：中轨开多单以后，价格在下轨附近时，曾在盘中向下击穿了下轨，这个时候是止损呢，还是继续持仓？

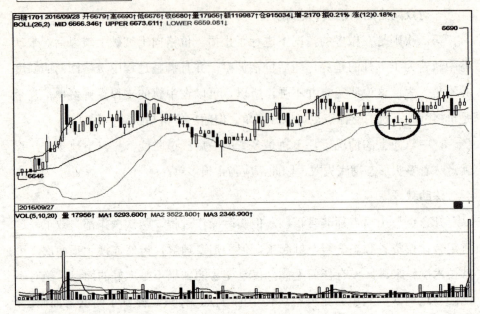

图5-31

一对众网络培训学员郭志明：

如果没有跟老师学习之前，碰到这种走势还真不好解决，不过现在已经学到了应对的方法。如果开仓时采取的是：见到价格就开仓的手法，也就是不管这根K线是否定型，只要出现这个价格就完成开仓，那么，在止损或止盈时也同样要用这种手法。如果开仓时采取的是：K线定型以后再开仓手法，那么，止损或止盈时也要等这根K线走完定型之后再出局。

这两种手法各有优缺点，见价格就开仓的优点是：如果出现的信号是真实的，不管是开仓还是止损，那个点都是最恰当的，但若信号是假的，就容易被洗掉，比如3000元是突破点，见到了3000元或3001元开仓，但随后价格回落，就要被套了。如果此时采取K线定型再开仓的手法，不仅不会被套，还可以回避这次假的介入信号，但是，等这根K线定型，比如一下子涨到了3010元收盘，是开仓呢，还是不开仓呢？开仓吧，介入价离开仓点已较远，不开仓吧又与设定的交易方式不相符。可见，两种手法难以两全。而我采取的就是见到价格就开仓这种方法。

陈助教：

如果采取的是见到价格就止损，而不是等K线定型再止损，那么，在价格盘中向下跌破下轨支撑的时候，就已经打掉止损了。

一定要切记，这两种交易手法没有谁对谁错之分，但使用的前提是必须坚持一个，如果这笔单是见价格就开仓、止损止盈的，下笔单是等K线定型再交易的，这样就大错特错了。

一对众网络培训学员郭志明：

用这种手法来做，这一天的夜盘就是无功而返了，连续三次操作亏钱，不过只能说是亏钱，因为技术的运用并没有什么错误，所采用的交易手法都是具备可复制性的。

陈助教：

如果不知道什么样的交易是正确，什么样的交易是错误，就不可能正确面对夜盘三次亏损的操作了，而区分对与错的思维方式，其实也是区别成功的投资者与失败的投资者的方式。

白糖1701合约2016年9月28日1分钟K线走势图（图5-32）。

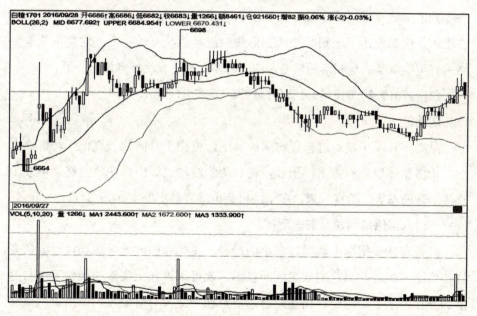

图5-32

陈助教：

日盘开盘之后，价格的波动规律性开始变好起来，先来说一下此时早开盘阶段可以利用首根K线做空吗（图5-32）？

一对众网络培训学员郭志明：

不可以使用首根K线的方法在日开盘时操作，这是因为开盘时布林线指标中轨方向向上，而首根K线则提示的是可以做空，两者交易方向相冲，所以应当放弃这个操作机会。

陈助教：

价格上涨之后留下了中途的介入机会，中轨的支撑发挥了明显的作用，因此，这是一个值得入场操作的点位。

一对众网络培训学员郭志明：

在下降趋势形成以后，价格缩量反弹到中轨的时候，压力作用也发挥了作用，这也是一次不错的下跌中途介入机会。虽然说这两次交易获利的幅度并不是太大，但介入点的形态还是非常不错的。

陈助教：

在上涨的过程中，还有一个非常明显的技术特征：压力位处放大量。价格受到了中轨支撑之后上涨，但到了上轨压力位时，按说放量应当快速地突破上去，但却收出了一根长长的上影线，放量而冲不过压力，这往往就是价格将有可能调整或是回落的信号，这个时候，投资者就要多加小心了。

白糖1701合约2016年9月28日1分钟K线走势图（图5-33）。

陈助教：

虽然布林线中轨有过一段时间的向下，但由于分时线一直位于均价线上方，价格整体以上涨为主，所以，在后边的波动过程中，中轨也终于形成了连续上升的态势，这样一来，多单的机会也就容易把握了（图5-33）。

一对众网络培训学员郭志明：

只要布林线指标中轨保持向上的趋势，在操作的时候，应当以逢低做多操作为主，而进入明显的放量区间以后，就可以再加上突破的操作手法与追涨的操作手法了。由于白糖在尾盘之前量能一直没有有效放大，所以，适宜的操作手法就是进行逢低做多的操作。

陈助教：

逢低做多其实并不难，只要从这个低字上做文章就可以了，什么样的走

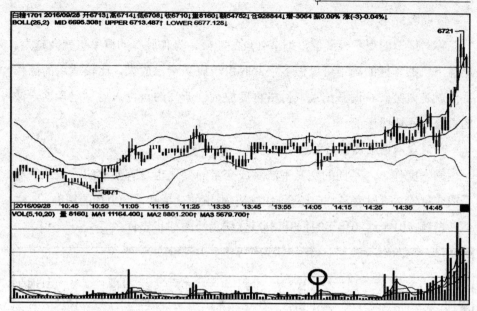

图5-33

势才可以称之为低呢？有支撑的位置自然就可以称得上是其中一个低了，所以，当价格回落到支撑位时便可以入场进行做多的操作。

一对众网络培训学员郭志明：

从图中来看，当K线回落到布林线指标中轨的时候，都可以开多单，虽然有亏损的单子，但总的下来盈利还是远远大于亏损的。

陈助教：

其中还有三次价格触及下轨的走势，一次是多单止损的点位；第二次又是一个触及支撑放大量的走势；第三次则是下轨产生了明显支撑的走势。

一对众网络培训学员郭志明：

第一次破下跌应当止损。第二次价格跌破了下轨，操作上应当止损多单，但马上意识到面临压力放大量价格容易反方向波动时，则可以再马上接回止损的多单，但这样的操作要求反应的速度比较快，一旦有所犹豫，也就容易错误机会了。

第三次虽然说下轨有支撑作用，但我认为并不能介入，因为价格调整的时候出现了放量，调整应当缩量才对，放量并不符合介入的要求。

陈助教：

你对细节的观察很到位，细节处理的越好，操作胜算的概率也就会越大。尾盘下轨的支撑的确不可以做多，此时由于成交量已放大，比较适用的操作手法就是做突破。调整结束，价格再度放量创新高的点位入场，尾盘这一波的机会也就把握住了。

一对众网络培训学员郭志明：

常态操作下，不同的交易手法对成交量的变化也是有要求的，虽然脱离了成交量依然可以交易，但结合量能形态得出的分析结论会更加的精准。

白糖1701合约2016年9月28日3分钟K线走势图（图5-34）。

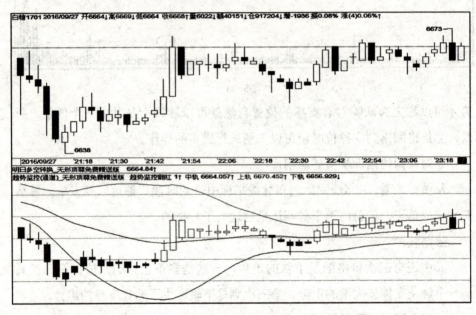

图5-34

陈助教：

用传统的手法对白糖1701合约2016年9月27日的夜盘进行操作时，曾出现了三次的亏损，那么，如果使用趋势监控指标进行操作，又将会有如何的效果呢（图5-34）？

一对众网络培训学员郭志明：

夜盘开始时趋势监控指标中轨是向下的，此时应当保持做空的思路，等反弹使得指标翻红之后，一旦再翻蓝便可以入场做空了，这个前提就是中轨必须继续保持下降的趋势。显示，在22:15分左右时并不符合操作要求，因为这一时间趋势监控通道中轨转为了上升的趋势。

陈助教：

中轨上升，那就应当进行做多的操作，其手法为：价格调整使得指标翻蓝，此时不做空，耐心等待做多的机会，一旦指标重新翻红，在调整结束的那一刻入场做多。

一对众网络培训学员郭志明：

从夜盘的走势来看，共有三次交易信号，但最后一次是临收盘前发出的，站在日内交易的角度来看，收盘前最后一根K线的信号不能操作，故此有两次交易的机会。这两次都是实现了小赚，相比传统手法三次亏损，交易的效果要更好。

白糖1701合约2016年9月28日3分钟K线走势图（图5-35）。

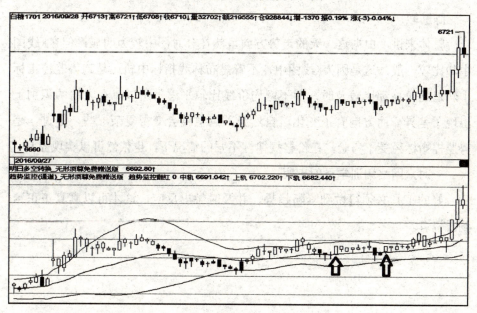

图5-35

陈助教：

日盘开始以后，价格的波动活跃性更高了，操作的机会也变得多了起来，去看一下趋势监控指标在日盘期间的表现如何吧（图5-35）。

一对众网络培训学员郭志明：

早开盘以后并没有操作的机会，指标一路保持多头状态，后受到调整指标的确是翻蓝了，但却一直持续着翻蓝，并且趋势监控中轨也转为了下降的趋势，这一时期的走势表明：做多暂不可以，在中轨向下的情况下应当做空。

陈助教：

随后价格的反弹使得趋势监控指标中轨又转为了上升的趋势，做空又需要停下来了。不过在中轨向上的时候带来了两次交易的机会，这两次机会的技术要点是什么？

一对众网络培训学员郭志明：

趋势监控指标中轨向上，操作手法为：随调整指标翻蓝，此时不做空单，耐心等待多单的机会，一旦价格调整结束，指标再冒红头时便可入场做多。第一次做多平手，第二次做多一直拿到收盘前，实现了一把大的盈利。

陈助教：

整体来讲，白糖这一天的走势方向虽然在分时图中较为明显，但在K线图中却比较一般，这是因为K线图中，不管是布林线指标中轨还是趋势监控指标中轨追随价格都比较及时，而不像均价线比较平缓，所以，在方向的识别上出现了差异。而方向有了变化，自然介入点也就会变得复杂一些，不过，趋势监控指标经受了考验，在价格规律性不强的情况下，也依然可以实现盈利。

一对众网络培训学员郭志明：

好的工具必须得做到紧随趋势，并及时做出反应，这才可以真真正正帮到投资者。

第六节　螺纹1701合约日内案例解析

姚助教：

螺纹这个品种目前活跃性较高，并且走势较为规律，最重要的就是由于没有外盘过度的干扰，所以，它的走势非常有规律性。螺纹有着较大的委买委卖单子，不管是小资金还是大资金，它都能在第一时间满足投资者的成交要求，再加上它是黑色系板块的常规龙头，因此，它必须要成为固定关注的目标品种之一。

一对众网络培训学员张文祥：

之前曾参加过一阳老师的网络培训课程，学习这些课程以后觉得操作水平有了很大的提高，但在实战操作时，又感到自己交易上的细节处理上不太好，原本想着参加老师的现场实盘培训，后来知道老师还有更方便的网络实盘培训，因为不用请假以及出差，就报名参加了。

通过视频学习了7天以及其中的5天见证一阳老师实盘的操作，一下子把实盘操作那些解决不了的细节问题全部理清条理了。职业高手们的操盘方式跟业余的果然是天与地的差别。

姚助教：

进行学习，盘后的静态学习是必不可少的，但是，动态的学习也是更为重要的。不过学习的顺序应当是：先静态学习，再动态学习。考驾照模拟机上开车你还经常撞，这要直接上路岂不把车撞个稀碎？

不管是现场实盘培训还是网络实盘培训，其实就是静态学习与动态学习的结合，收盘讲静态的操作方案，实盘讲动态的交易技巧，这样一来，学员们的学习效果自然就会非常棒了。

一对众网络培训学员张文祥：

实盘期间看一阳老师经常操作螺纹，所以我现在也开始一直盯着它了，主要是越来越感受到它走势的规律性，不像那些小合约的品种，有时忽上忽下很难把握。

姚助教：

交易量越大的品种，与其为敌的代价就会越高，小品种有个几百万就能与趋势为敌一会儿时间，而交易量大的品种，想与趋势为敌就需要海量资金了，所以，交易量越大的品种，其波动也就越稳定，而交易量小的品种也就越容易被操纵。

螺纹1701合约2016年9月29日分时走势图（图5-36）。

图5-36

姚助教：

螺纹1701合约2016年9月29日的走势在方向上出现了转变，你来说一下面对这一天的走势，交易方向的判断方法吧（图5-36）。

一对众网络培训学员张文祥：

夜盘以及日盘下午14：00点以前，分时线都在均价线的上方，不管在什么时候发现了这一现象，都应当保持着做多的态度，并积极寻找做多的技术形态。

而到了日盘下午14：00点开始，分时线向下跌破了均价线的下方，这意味着价格的多空状态发生了改变，应当从之前的做多转变成为看空以及寻找做空的技术形态。

姚助教:

方向的转变是价格波动过程中常见的现象,我们采取的策略就是不管什么时候都以当前的数据来执行当下的操作。当前分时线位于均价线上方,思路就是做多,所需要做的就是等待做多的形态就可以了,如果价格还可以继续上涨,肯定会有做多的形态出现,如果涨不上去,多头介入形态也就不可能出现,这样一来,资金也就不会出现亏损了。

一对众网络培训学员张文祥:

先找方向,再找介入形态,并不是说有了方向就会有操作形态,现在这句话通过大量的实战操作,已经深深地刻在脑中了。

螺纹1701合约2016年9月29日1分钟K线走势图(图5-37)。

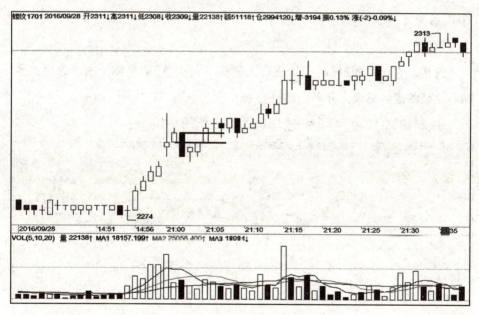

图5-37

姚助教:

螺纹夜盘开始以后便出现了较为经典的技术走势,并留下了介入的机会,你来总结一下刚开盘时的技术特征吧(图5-37)。

一对众网络培训学员张文祥:

刚开盘时形成的是一阳老师所讲的:首根K线的交易形态。将开盘后第一根K线视为是多空参照物，如果价格在首根K线上方则做多，如果在其下方则做空。很明显，开盘后价格的波动位于首根K线上方，因此可以在价格向上创出绝对新高，或是最高收盘价的时候入场做多。

姚助教：

你所说的交易策略没有问题，不过技术细节上略有遗漏。首根K线实体较小，并带有较长上影线的K线，类似于这种形态的首根K线是不符合参照物要求的，第一根K线无法使用，就可以移动第二根K线上，把之后收出的走势较为正常的第二根阳线做为首根K线。

一对众网络培训学员张文祥：

这样一来，操作上就是需要先做一把空，不过做空又与布林线指标中轨的上升方向不符，因此，空单的机会是不能要的，只能等价格向上突破新的首根K线时才可以做多。

姚助教：

没错，在第六根K线时，价格向上突破了首根K线的实体范围，这也就意味着突破的走势形成，介入点已经到来。

螺纹1701合约2016年9月29日1分钟K线走势图（图5-38）。

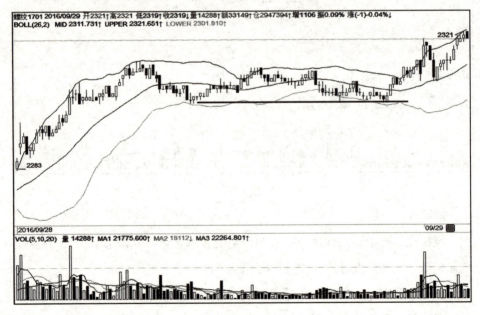

图5-38

姚助教:

夜盘开始以后,价格便一路上涨,上涨的中途并没有留给投资者插进一脚的介入机会,有机会就出手,没机会就耐心等待,一定要相信:总会有一个属于你自己的机会在等着你。

一对众网络培训学员张文祥:

以前操作生怕错过机会,现在是生怕乱拿机会,只捉属于自己的机会,只捉自己能看得懂完全可以把控的机会,只有这样才可以使自己的交易处于不败之地。

夜盘一波上涨以后,螺纹的波动便没有了任何的机会,空肯定是不能做的,而多则形态皆无,面对这样的走势还是上床好好睡一觉为好,养好精神第二天再继续战斗。

姚助教:

经过了较长时间的震荡以后,机会终于来了,调整时留下的两个低点告诉了我们价格还将会继续上涨。如果调整是多头失去了上攻的能力,那么,价格将会就此回落,这样一来就会形成高点不断降低的走势,但如果价格有能力继续上涨,那么,低点就很难形成下降的状态,低点无法下降就说明空方力量并不强大,配合分时线在均价线上方的技术形态便可以确定:价格上涨的概率将会是非常大的。

一对众网络培训学员张文祥:

这样的走势形成了传统形态中的W底,只不过传统W底是在下跌之后出现的,而此时的W底则是在上涨之后出现的。

姚助教:

上涨之后出现的W底远比下跌之后出现的W更具操作价值,本身就是底部形态,而且还是顺势,上涨的可能性就要大很多了。一阳老师有一句话:抄底就要抄顺势底,就是这个意思。

螺纹1701合约2016年9月29日1分钟K线走势图(图5-39)。

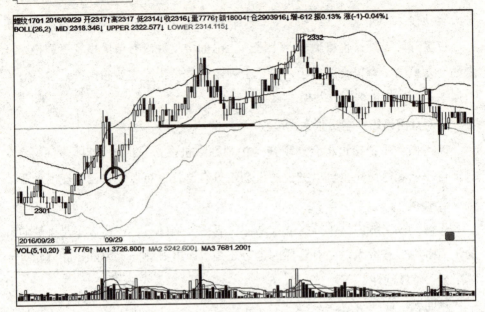

图5-39

姚助教：

日盘开始以后价格快速回落到了布林线指标中轨的支撑处，此时可以入场做多吗（图5-39）？

一对众网络培训学员张文祥：

不可以做多。因为价格此时回落的速度较快，以及回落的幅度较大，这种K线形态说明空方此时力度略大，在空方力量大的情况下多单肯定是不能入场的。

姚助教：

之后价格在上涨的过程中出现了两次调整的走势，这两次形态可以逢低做多吗？

一对众网络培训学员张文祥：

可以入场进行逢低做多操作的。第一次价格调整到了中轨附近，并且调整出现时，价格回落的幅度较小，回落的方式很温和，这说明空方力度较小，空方力量不大，多单也就可以入场了。

而第二次价格调整时，其低点再度形成了抬高了的迹象，虽然说跌破了中轨，在下轨的支撑却并未失守，多头形态依然存在，因此，也完全可以入场做多。

姚助教：

做多的精髓就是：千万别在空方力量大的情况下做多，只要记住一阳老师的这句话，就可以举一反出找到许多可以入场做多的点位。如果你的多单出现了亏损，除了位置不恰当的原因之外，肯定是在空方睁大双眼的时候开多了。

螺纹1701合约2016年9月29日1分钟K线走势图（图5-40）。

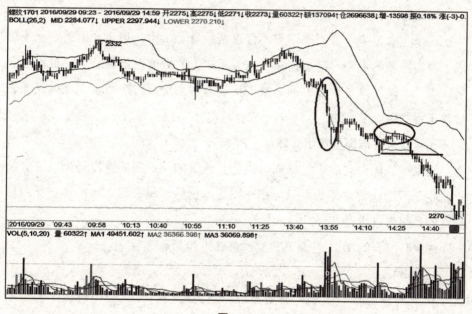

图5-40

姚助教：

到了下午的时候，最精彩的走势上演了，整个下跌过程都充满着经典形态的味道（图5-40）。中轨始终向下确定了做空的基调，有了方向接下来的事情就是等形态了。

一对众网络培训学员张文祥：

首先出现的交易形态就是突破做空以及强势下跌走势，由于强势下跌形成的时候，成交量明显放大，因此，还可以在这一区间积极地追一把。

姚助教：

追空的确是一种正确的操作手法，只是大多数投资者都是胡乱用的，见到跌就去追这是完全不对的。追空一定要在放量形成时才可以进行，无量或成交量比较小的时候，价格很难持续性的下跌。

除了做创新低的突破以及追空操作以外，还有怎样的中途操作的技术形态？

一对众网络培训学员张文祥：

肯定离不了逢高做空形态。下跌中途的时候，价格反弹到了布林线指标中轨的压力位，这个点位就是最棒的一次逢高做空的介入点。

姚助教：

这个点的走势非常漂亮，但不仅仅是触及了压力，相比之前的高点还形成了高点降低的走势，高点在降低这说明多方的力度在不断衰竭，价格已经出现了一大波下跌了，多方的力量不仅没有增大反而还在减小，这就意味着价格还可能进一步下跌。

一对众网络培训学员张文祥：

受到中轨压力之后，价格向下再创新低，如果逢高的点没捉到，突破的点肯定是不能让它跑掉的。只要把一阳老师这些常规做战手法牢牢记住，机会真的是很难再错过了。

螺纹1701合约2016年9月29日3分钟K线走势图（图5-41）。

姚助教：

接下来我们看一下螺纹的交易机会趋势监控指标又是如何提示的（图5-41）。

一对众网络培训学员张文祥：

夜盘开始一直到日盘下午约两点，趋势监控指标通道中轨整体向上，这一时期的操作手法为：中轨向上时只做多单不做空，耐心等待价格调整使得指标翻蓝，翻蓝以后，一旦指标重新翻红，便可以入场做多。也就是一阳老师所说的：中轨向上见红头做多。

姚助教：

从图中走势来看，其实只有一次交易机会，在日盘期间，虽然整体趋势并未转为下降，但趋势监控指标中轨形成了水平的状态，指标中轨在没有明

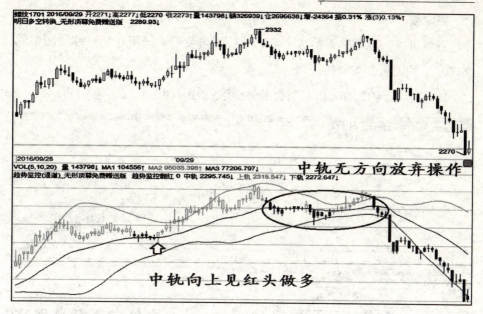

图5-41

确方向的情况下，翻红翻蓝都是不可以的，所以画圈部分并不是介入点。

一对众网络培训学员张文祥：

这样一来在下午下跌走势之前，就只有一波多单的操作机会了，虽然只是一次的操作，但一下子就捉了一把日内较大的波段，也是非常不错的。只是有些可惜，下跌的时候指标一直提示做空，没有任何中途插进一脚的机会。

姚助教：

在价格下跌的时候从3分钟K线上看的确没有中途介入的机会，不过不用担心，还有其他的方法能够捕捉机会的，这就是：降级交易法。

在价格单一波动时，如果3分钟K线图中没有交易机会，我们可以去降低处理，看一下1分钟K线图中是不是存在机会，如果1分钟K线图中有机会就可以在1分钟K线周期上进行操作。

一对众网络培训学员张文祥：

那这种降级交易手法可不可以用于日线交易呢？比如日线我认为快要来机会了，可以先看一下30分钟K线或是60分钟K线，一旦30或60分钟K线有了介入点，我就可以先介入一部分，等日线有了介入点我再进行加仓操作？

姚助教：

当然可以，就是你说的这个意思。接下来我们看一下在1分钟K线图中螺纹1701合约的机会如何捕获。

螺纹1701合约2016年9月29日1分钟K线走势图（图5-42）。

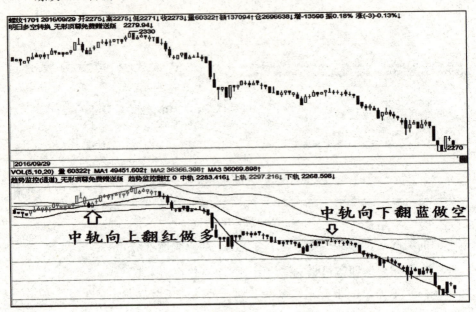

图5-42

姚助教：

从1分钟K线图中上来看，交易的机会就多了起来。在3分钟K线图中，下跌之前是没有多单交易机会的，但在1分钟K线图中则有一次多单交易机会：中轨向上见红头做多。

一对众网络培训学员张文祥：

随后的下跌第一轮并没有操作机会，此时只能用常规方法进行操作。但在反弹的过程中，交易机会终于来了。随着价格的反弹，趋势监控指标翻红了，此时的翻红不可以做多，因为中轨向下与交易方向不符，只能等待反弹的结束而后做空。

转眼指标便翻蓝了，提示反弹结束，在中轨向下时，一旦指标K线重新翻蓝，便可以入场进行做空操作。而后在指标的提示下，空单就可以一路拿到尾盘阶段，捉到了一大波下跌波段。

姚助教：

正是这样的操作方式。在使用日内降级交易手法的时候，最好用于下跌过程中的反弹区间，或上涨过程中的调整区间使用，如果3分钟周期反弹未见红，或调整未见蓝，就可以降低寻找机会了。

如果是日线交易则需要结合着明日多空转换指标来进行降低交易，这样效果才会是最棒的。日线的交易与日内交易略有区别，这一点大家要注意。

第七节　棉花1701合约日K线案例解析

一对一面授学员乔冬景：

棉花1701合约自2016年3月份出现了一波非常棒的上涨行情，这一时期在网上见过老师对棉花走势的点评，很佩服老师对棉花交易点位的把握能力，我相信这种能力绝非偶然，所以下定了决心一定要学到您的实战方法，于是参加了您最为核心的：包教包会、根据学员不同交易状况量身定制课程的一对一面授培训。更令我惊喜的是，培训中您为我讲了许多非常适合我脾气性格的实战方法，同时令我惊喜的是，居然还能免费用上您的神器：趋势监控指标。以前我以为这个指标是用来进行日内操作的，没想到趋势交易它也一样的棒。

一阳：

许多朋友都认为我用趋势监控指标做日内，其实并不是这样，各种周期它都可以使用，期货、股票、外汇都可以使用，只要是软件上能接收到数据的品种，都可以用它进行分析与操作。因为进行日内投机的投资者数量多，所以，说日内也多一些。但其实做起趋势来，趋势监控的效果也是非常棒的。

本身一对一面授的学员有没有指标都无所谓了，我的核心方法全都教给了大家，用这些方法大家完全可以在市场中轻轻松松的捕捉到交易的机会。但再赠送大家一个好的工具，那真好比是如虎添翼。我的目标是：咱们的学员必须要成为市场中那少部份的成功者。好的方法可以做到这一点，好的工具也可以做到这一点，两者都有则必然可以做到这一点！

下面我们就去回顾一下棉花上涨行情出现的时候，如何利用工具来先人一步做出判断并捕捉机会的。

棉花1701合约2016年1月至4月走势图（图5-43）。

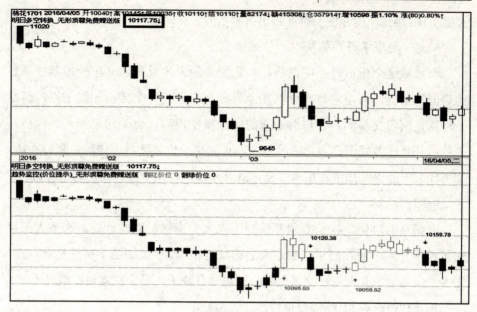

图5-43

一阳:

棉花1701合约2016年1月至4月期间（图5-43），价格正在筑底阶段，这个时候已有迹象形成了低点抬高的走势，从传统交易方法来看，这一时期的走势必须要高度关注了。

一对一面授学员乔冬景:

价格形成这种形态之前，出现了较长时间较大幅度的下跌，所以下跌空间相对有限了，同时，低点抬高说明空方力量在衰竭。在当时市场中，看了一下其他的农产品走势，属棉花的技术形态最为标准。

一阳:

价格的波动值得关注，那么，我们该在什么位置介入呢？如果只看K线图倒也可以找到介入点，那等待价格突破就行了，但这绝对不是第一介入点。为了找到第一介入点，就需要看一下指标的提示了，我们来使用：明日多空转换指标进行分析。

在图中，明日多空转换提示的价格为：10117.75元，取整为10120元，这个价格即为明日（下一根K线）翻红的价格。只要明天盘中的价格低于10120元，那么，趋势监控指标便会继续保持翻蓝提示持空的状态，但若盘中价格向上突破了10120元，指标便会翻红给出做多信号。

一对一面授学员乔冬景：

刚接触这个指标时不明白是什么意思，后来才发现，真正的神器并不是趋势监控指标，而是它！它可以在今日提示明日多与空转折的那个点，而那个点就是明日交易的点。以前看您的实盘操作视频，总听您说于××价格开多单，并且还做好了开多单的准备，一见到这个价格就马上进场，那时在想，你为什么可能提前知道在那里开仓，后来才知道，原来就是用的这个神器。

一阳：

在操盘的时候，我们必须要做到：先人一步制定操作计划，许多人买点来了还不介入，而我们早在买点来之前就提前一根K线知道了哪里是介入点。先人一步知道了介入点，交易起来心里也就有底了，机会也就很难错过了。

棉花1701合约2016年4月走势图（图5-44）。

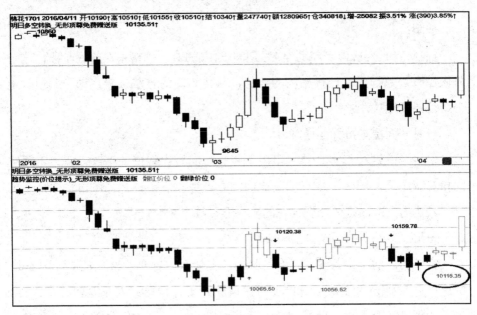

图5-44

一对一面授学员乔冬景：

果然，趋势监控指标在10116.35元提示翻红，取整数值为10120元，使用指标真正做到了提前一步知道了该在哪里做多（图5-44）。

一阳：

指标翻红之后，只要不翻蓝便可以一直持仓，因为有明日多空转换指标在手，在翻红状态下，我们也可以知道明日价格将会于何价位翻蓝。

其实明日多空转换指标数值意味着：在指标翻红的情况下，数值就是翻蓝的价格，不跌破这个价格就可以一直持有多单；在翻蓝的情况下，数值就是翻红的价格，不突破这个价格便可以一直持有空单。

一对一面授学员乔冬景：

第一买点找到之后，价格便向上进行了突破，常规的买点到来了，突破新高的点位便是加仓点了。

一阳：

的确如此，突破的手法不仅在日内交易过程中会经常使用，在日线交易上也是这样，不管什么周期的操作，只要形态符合了操作的要求，都要敢于入场大胆的交易。

棉花1701合约2016年4月至5月走势图（图5-45）。

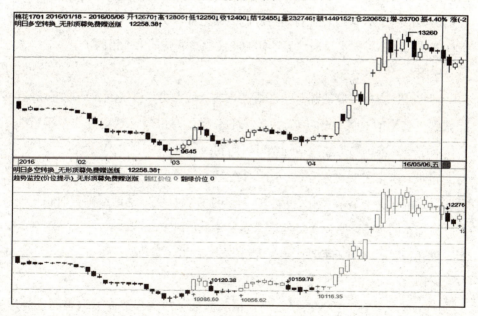

图5-45

一阳：

自第一个涨停板出现之后，棉花1701合约的价格便一路上涨，在这一过程中，趋势监控指标始终保持着翻红的状态，一直提示持有多单。不过，在持仓的过程中，我们还需要关注怎样的状况呢(图5-45)？

一对一面授学员乔冬景：

持仓的同时，也需要留意出局点的到来，不过按指标操作就省心了，只要一直留意着明日多空转换指标的数值便可以了。在指标翻红的过程中，只要价格没有跌破明日多空转换指标提示的数值，就可以一直持仓。按指标提示的数值来一个划线下单，盘都不用看了。

一阳：

到了5月8日这一天，明日多空转换指标提示：12258.38元，取整为12255元，为意味着如果明日跌破这个价格就需要将手中的多单平掉了，因为此时指标就会翻蓝。

一对一面授学员乔冬景：

第二天的时候，趋势监控指标于12276.54元，取整12275元提示卖出，既然卖点出现那就与多单说再见了。这一波指标从10120元提示买入，至12275元卖出，捉到了2155元的盈利空间，每手棉花可以实现10775元的收益。虽然指标未能在最高点提示卖出，但这样的收益已是非常非常不错的了。

一阳：

其实任何指标或方法都无法在最高点或最低点提示投资者入场或离场的，能做到机会来的时候捉住80%。风险来的时候及时出局，这就是非常不错的了，而这个标准，趋势监控指标都可以达到。

同时大家也需要注意一点，明日多空转换指标是在今日提示明日的数值，而明日走势又会有各种变化，所以，趋势监控指标实际翻红或翻蓝时也可能与昨日提示的价格略有出入，但这个差异并不是很大。

棉花1701合约2016年5月至6月走势图(图5-46)。

一阳：

一大波上涨行情暂告结束之后，棉花后期形成了强势震荡调整的走势，在调整阶段哪些形态体现出了多方的强大呢(图5-46)？

棉花1701 2016/02/29 - 2016/06/17 开12820↑高13375↑低12680↑收13375↑结13200↑量577864↑额38570095↑仓310672↑增81982 振5.42% 涨(55

明日多空转换_无形顶幕免费赠送版　12662.45↑

明日多空转换_无形顶幕免费赠送版　12662.45↑
趋势监控(通道)_无形顶幕免费赠送版　趋势监控翻红 0 中轨 12549.158↑ 上轨 13103.198↑ 下轨 11972.320↑

图5-46

一对一面授学员乔冬景：

价格调整时，低点保持着抬高的迹象，这说明空方根本无法把价格打下来。同时，整个调整低点还位于趋势监控通道中轨上方，两者结合在一起，形成了调整的强势形态。

一阳：

那这种形态该如何进行操作呢？

一对一面授学员乔冬景：

跟日内投机的方法完全一样了。指标中轨方向向上见红头就做多。调整使得指标翻蓝，此时不去做空，一旦指标翻红便可以入场做多，这是您的核心交易形态。

一阳：

不管是日线还是日内交易，我们都可以再结合着明日多空转换指标提前一步知晓该于何价位开多或是开仓，这样在指标翻蓝的时候也就知道什么价格调整就会结束，指标会重新给出翻红买点。

棉花1701合约2016年7月走势图（图5-47）。

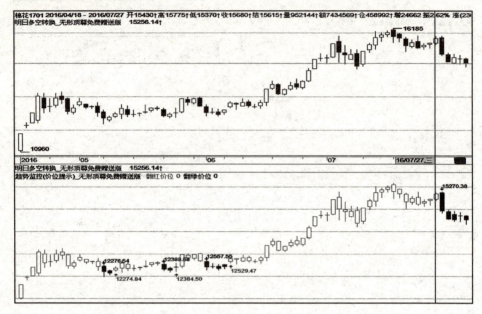

图5-47

一对一面授学员乔冬景：

如果按照核心形态进行交易：中轨向上翻红做多，就又可以捉到一把大的盈利机会了。前两次翻红做多赚点小钱，第三次则一路拿到了次高点的位置（图5-47）。

一阳：

价格上涨以后，每天都盯着明日多空转换指标就可以了，我们所有的交易行情全部按信号走，不去加入任何感情色彩与预测成分。只要在指标翻红的情况下，价格不跌破明日多空转换提示的数值，就一路持有，一旦跌破就在趋势监控指标翻蓝时出局。

一对一面授学员乔冬景：

7月27日明日多空转换指标提示：15256.14元，取整为15255元，这意味着只要15255元不被跌破就继续持多单，一旦跌破就止盈出局。第二天趋势监控指标于15270.38元，取整15270元提示卖出；在价格下跌将要到来的时候，及时地发出了多单离场的信号，按信号提示操作真的比自己在那胡乱分析要可信的多。

一阳:

许多投资者都认为自己比市场聪明,也企图去证明这一点,所以操作全部按自己的意愿走,到头来做的一塌糊涂。反而什么也不去想,一心按信号交易的投资者却总是盈利不断。信号会有假的,但一定要切记:这个市场中,真的信号远比假的多。

一对一面授学员乔冬景:

按照信号去执行操作,不仅可以在恰当的点位进场与离场,更可以先人一步知道该如何去操作,又有什么理由不去执行信号呢?

棉花1701合约2016年8月至9月走势图(图5-48)。

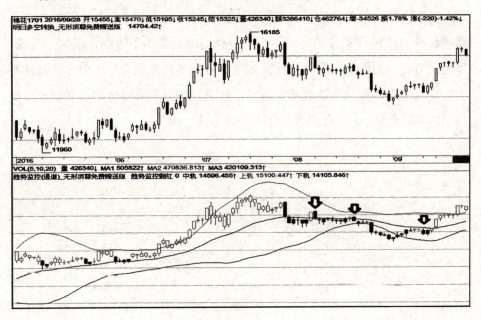

图5-48

一阳:

2016年7月28日趋势监控指标翻蓝之后,通道中轨也随之形成了下降的趋势,在中轨转向之后又该如何操作呢(图5-48)?

一对一面授学员乔冬景:

中轨向下主要以做空操作为主,等价格反弹使得指标翻红以后,一旦指标重新翻蓝便可入场做空。从图中的走势来看,共有三次交易的机会,一次小赚,一次略大赚,一次平手,虽然赚得不像之前的行情那么多,但这也与价格此时下跌空间小有关系。

一阳：

进行日内投机交易我们要求必须严格执行方向，而对于进行日线或30分钟以上周期的K线进行操作时，方向这个约束条件可以加上，也可以不加。这是因为长周期交易本身机会就少，如果再过多加上限制条件，一年到头也做不了几单，所以需要松绑减少约束条件，这样做虽然会增加出错的次数，但只要按信号提示来操作的话，出错的代价是很小的，而只要一次形态走成功，盈利的数额将会是亏损的数倍甚至十数、数十倍。

一对一面授学员乔冬景：

我现在就开始尝试在长周期交易上放弃方向这个约束条件进行操作，虽然用这种方法进行实战的时间不长，但成绩却是非常不错的，正如您所说，不加以方向上的约束，交易的次数多了，亏损的次数也多了，但亏损却并不大，在这之中，成功的次数肯定也多了起来，于是整体资金的盈利状况反而好了许多。当然，这一切都离不了一个好工具的辅助。

第八节 螺纹1701合约日K线案例解析

一阳：

螺纹的价格在进入了2016年后，同样出现了非常精彩的表现，价格大幅的上涨与快速的回落把整个市场挑动的兴奋起来。甚至在股市低迷的情况下，还吸引了大量的股市资金来期货市场中拼杀，这也算是历史少见的现象。

一对一面授学员徐俊兵：

在没有参加您包教包会、量身定做课程的一对一面授之前，我什么品种都做，成交量大的做，成交量小的也做，好几回对小品种开了上千手，该止损了结果出不掉货，因为流动性的问题，小亏变成了大亏，现在想想真是傻的够呛。跟您学习之后，您建议我只关注螺纹，因为螺纹的成交量比较大，适合我资金顺利的进出，所以，我现在的交易只做螺纹这一个品种，就像老师所说的那样，做到专注，不要眼红别的机会，只要有正确的方法，任何一个品种都可以给我们带来丰厚的投资回报。

一阳：

赚钱靠的是方法，而不是靠什么品种。有许多投资者一直保持着这样错误的认为：听说人家做螺纹赚钱了，就过来做螺纹了，他们认为赚钱的原因是操作了螺纹，而他们没赚钱是因为之前没有做螺纹，这样的想法岂不可笑？赚钱的原因永远都在于方法，而不在于品种。

当然了，选品种也要结合自己的资金量状况，大资金绝对不要碰小品种，否则就很容易被其他的资金围剿了。

在培训之前与你接触时，感觉到你是一个交易性格比较急躁的人，针对这样类型的投资者不能仅教方法，而是把你们那些躁动的心给安抚平静，在平静状态下，你们才能发挥出技术上的优势，让你死盯着螺纹来操作就是这个目的，只盯一个品种自然也就容易无欲则刚，有机会就做，没机会就等，时间长了，心态也就恢复正常了。

一对一面授学员徐俊兵：

课程完成以后才深有体会，老师不仅教了我正确的方法，我的一切错误理念也在不知不觉之中改变了。一般水平的老师只能教学员技术，而好的老师则从上到下改变一个投资者。

螺纹1701合约2015年9月至2016年4月走势图（图5-49）。

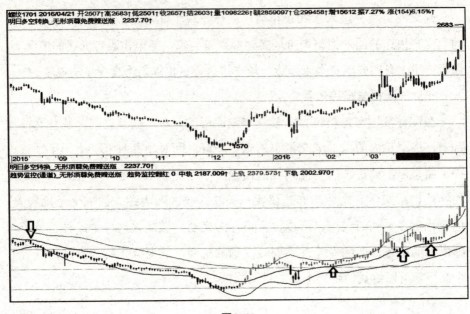

图5-49

一阳：

我们先来回顾一下历史的走势，螺纹在2015年9月至2016年4月期间应当如何进行操作（图5-49）？

一对一面授学员徐俊兵：

2016年之前价格一直保持着下降的趋势，趋势监控通道指标中轨也是一路向下，这一过程中，应当坚定做空，具体做空的手法为：中轨向下见蓝头做空。反弹使得指标翻红，但此时不做多单，一旦反弹结束指标重新见蓝头则入场做空。由于下跌的过程中日线K始终没有翻红，所以可以采取降低的方式进行操作。在价格反弹时看一下30分钟K线或是60分钟K线是不是形成了操作的形态。

一阳：

降低处理用于趋势单一时，且价格下跌后反弹时，指标并未翻红的情况下，这个时候使用降级手法操作，必然可以找到中途插进一脚的机会。

一对一面授学员徐俊兵：

进入了2016年以后，指标中轨形成了上升的趋势，中轨向上时应当坚定做多，具体手法为：价格调整使得指标翻蓝，此时不做空，而是等指标形成翻红走势入场做多。

一阳：

中轨向下，见兰头做空，前提是反弹要使得指标翻红；中轨向上，见红头做多，前提是调整使得指标翻蓝。这是核心交易形态，是极易实现盈利的一种交易手段，同时，更是我的主要操作模式。

一对一面授学员徐俊兵：

按这种核心形态来操作，只要有行情，都不会再放跑了。这跟我之前自学时的操作完全不同，那个时候别说放跑行情，能够不做反方向就是烧高香了。跟老师学习并免费使用指标之后，最大的感受就是戒掉了逆势交易的坏习惯，指标翻红，我绝对不会开空，指标翻蓝，我也绝对不会做多。之前没事老暴仓，现在想暴都暴不掉了。而且在老师正确方法与好工具的帮助下，之前亏的钱已赚回了80%，信心现在满满的。

螺纹1701合约2016年4月走势图（图5-50）。

一阳：

最后一波上涨之后，价格下跌了一定幅度指标才提示翻蓝，对于这种现象你如何理解（图5-50）？

一对一面授学员徐俊兵：

要放以前肯定就急死了，利润回吐了这么多才出局。但现在已经不会这样想了，正如您所说，没有任何一种方法可以知道高点在哪里，所以，我们没必要在这个问题上去纠结什么，只要按信号做就可以了。

虽然价格下跌了一定的幅度才提示做空，但相比2061元的买入提示，以及2381元的卖出提示，一波指标就帮着捉到了320元的利润空间，还有什么可抱怨的呢？这难道不比自己胡乱做要赚得多吗？

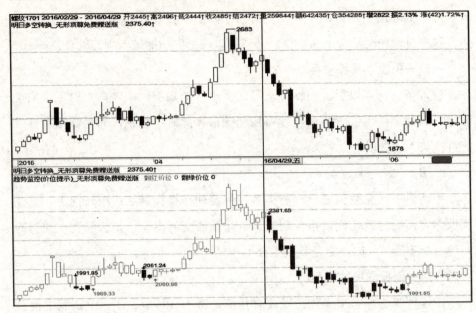

图5-50

一阳：

很好，能够比较理性的看待出局点的设置。在回避高点与把握机会之中，我们没有好的选择。你可能去回避了所谓的高点，但是，这个高点并不一定是真正的高点，然后就会损失一大段利润；如果为了捉到更多的利润，就肯定不会过多的去想什么高点，当真正高点到来的时候，就造成了利润的回吐。由此可见，在把握高点与获得收益之中无法做到两全。

一对一面授学员徐俊兵：

现在有了工具，我已变得懒了，根本不去预测行情了，猜也猜不准，还不如跟着指标信号走。在趋势监控指标翻蓝的前一天，明日多空转换便提示了：2375.4元，取整2375元，只要不破这个价格多单便可以拿着，破掉就可以去做空，这样做起单来多省心，何处开多，何时开空不仅可以清清楚楚的知道，还可以提前一天知道。

一阳：

不去想什么高点与低点，只把握可以把握的机会，这才是成熟的投资者，才可以在交易时保持客观的状态。

螺纹1701合约2016年7月28日走势图（图5-51）。

图5-51

一阳：

螺纹下跌之后，趋势监控指标在上涨的初期及时翻红，提示平仓空单，以及开仓多单（图5-51）。之前曾说过：在日内级别的交易上，因为机会太多了，所以，必须加以方向上的约束，这是为了让投资者别乱做，否则一旦放开条件，随着交易次数的增加，心态随时都可能变得急躁起来。而在30分钟K线以上的周期操作中，因为机会非常少，再加上方向上的约束，一年也交易不了几回，这肯定也不适合，所以，日线的交易可以去掉方向这个约束条件。只要见到指标翻红就可以做多，见到翻蓝便可以做空，当然，使用其他指标也是同样的方法。

一对一面授学员徐俊兵：

明白老师的意思，日内交易机会多，受到的诱惑也多，所以需要保持一颗平常心，因此，交易的约束条件是比较多的。而日线交易机会少，为了增加更多获利的可能，所以放宽条件，虽然有增加获利可能，但同时也增加了亏损的可能，在日线上的操作，至少按您的方法来做，风险都是非常小的，一次形态的成功就可以弥补数次形态失败带来的损失，因此，放宽条件是有必要的。

一阳：

虽然说日线级别的走势允许放宽技术限制条件，不过，如果形成了与日内一致的波动形态，也是完全可以按日内的方法进行操作的。日内进行操作的形态是核心交易形态，成功的概率最高。这不，螺纹在下跌之后的上涨过程，不就形成了一轮很标准的交易形态吗？你来说一下该如何操作。

一对一面授学员徐俊兵：

趋势监控通道中轨向上，交易方向为多，调整使得指标翻蓝，一旦指标再度翻红便可以入场进行做多操作。从图中的走势来看，有两次交易的机会，一次平手出局，无非在开平仓时有一些滑点，而另外一次却捉到了一大波段。

螺纹1701合约2016年8月28日走势图（图5-52）。

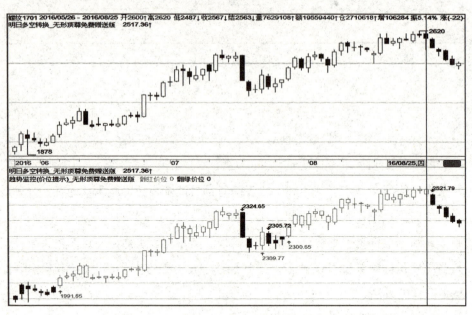

图5-52

一阳：

在趋势监控指标中轨向上的情况下同，于调整后再见红头介入多单之后，指标便一路提示投资持有多单（图5-52）。在持有多单的时候也不要忘了看一下明日多空转换指标的提示，并可以此价格直接进行画线下单，只要价格在此价位之上，便可以一直持仓，一旦价格跌破该价格，则会自动止盈，这样做起趋势交易来是非常省心的。

一对一面授学员徐俊兵：

以前做交易时如果手中拿着单子，只能等到夜盘收盘以后才敢休息，搞得身体越来越差，最主要的是钱也没赚到手。而现在不再担心这个问题了，在今天或当前这一根K线便可以知道明天或是下一根K线该于何价位做多或是做空，直接一画线，别说夜盘，就是日盘也不用再一直盯着了，轻轻松松就把钱赚到了手。

一阳：

如果是针对成交量较少的品种，在价格突破快速到达画线位置时，就无法保证全部成交了。但对成交量大的品种来说，每一个价位处都有大量的委托买卖单，所以，当价格到达画线位置时，基本上都可以顺利成交的，甚至还可以设上一个追价成交的条件，这样一来就没有任何问题了。

一对一面授学员徐俊兵：

所以说好的工具，不仅简化了分析决策的压力，还可以让投资者用最小的精力去实现财富的梦想。正如您所说：好方法加上好工具，获利从此变容易，现在对这句话的体会真是越来越深刻。

8月25日明日多空转换指标提示：2517.26元，取整为2517元，这意味着如果在28日这一天价格低于2517元，就应当平仓多单，以及反手做空。第二天趋势监控指标在2521元提示平多单，自2301元提示做多，至2521元提示平多单，又再次捉住了220元的利润空间，相比自己无头绪的操作，依据工具辅助获得的操作效果真是太棒了。

螺纹1701合约2016年9月走势图（图5-53）。

一阳：

趋势监控指标于8月28日提示翻蓝卖出之后，价格便出现了一路回落的走势，整个下跌过程中，指标一直提示着做空（图5-53）。针对这种走势就可以使用传统交易方法来寻找中途插一脚的介入位了。

一对一面授学员徐俊兵：

在趋势监控指标翻蓝以后，价格出现了一次反弹，随后出现了破位的走势，在日K线向下破位的时候，便可以入场进行操作了。并且这一次的破位也算是走得干脆利索，操作难度并不高。

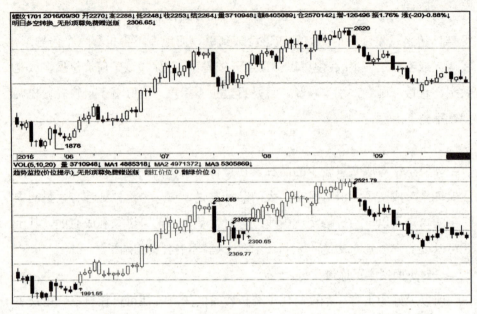

图5-53

一阳：

指标一直翻蓝提示做空这也是好，拿着空单的话倒也非常省心，只不过中途加仓点或是中途介入点就只能用传统的方法来配合寻找了，所以说，方法学习的越是全面，捕捉交易机会的能力也就越强。

除了使用传统方法能找到介入点以外，还有什么方法可以找到中途的介入点呢？

一对一面授学员徐俊兵：

那就是使用您讲解的：降级交易方法了。在价格反弹但趋势监控指标日线并未翻红的时候，可以去看一下60分钟K线或是30分钟K线，看这两种周期上的走势是否存在交易的机会。

螺纹1701合约2016年9月20日60分钟K线走势图（图5-54）。

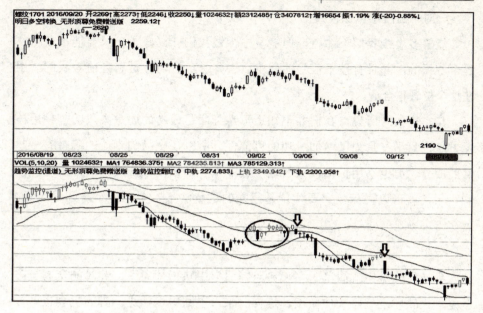

图5-54

一阳：

在螺纹1701合约2016年9月20日60分钟K线走势图中（图5-54），依然是需要传统方法与趋势监控指标相结合的方式去寻找更多介入点。在60分钟K线中轨向下的第一轮下跌过程中，可以使用突破的手法把握住下跌中途的介入点。那么，在画圈的位置又该如何操作？

一对一面授学员徐俊兵：

这个位置应当放弃操作，因为趋势监控通道指标中轨保持着水平状态，故此，不适合在指标翻蓝时做空。

一阳：

在第一个向下箭头处其实是可以开空单的，虽然这个位置中轨依然是水平状态，但可以用这样的思路来操作：整体价格保持着下降的趋势，局部是无方向状态，故此可以说整体方向向下，整体方向向下的时候做空也是安全的，同时，这个位置价格距离上轨的压力位很近，就算形态失败止损也并不大，因此，在大势向下的情况下，这个位置完全值得去赌一把。输，就是翻蓝点到上轨压力点那么小的空间，赚，那就不知道会赚出多少个止损的额度了。

一对一面授学员徐俊兵：

能赚多少钱我们不知道，但能亏多少钱我们计算好了，只要能承受得住这个亏损的，并且有技术信号的就可以去开仓，这句话是您之前教我的，用在这个位置正合适。

其实正如您所说，我们并不知道形态到底是成功的还是失败的，使用技术方法也只不过是为了增加成功的可能性，所以，交易的本质的确带有一些赌的成分，但也不用怕输，只要输的钱能承受，以及一次成功的形态就全捞回来了，就可以去赌。只要代价是已知的这就够了，至于是小赚还是大赚，就交给市场吧。

一阳：

再往后的操作就简单了，趋势监控通道中轨指标向下，此时的交易策略就是：中轨向下见蓝头便做空，这样一来，下跌中途插进一脚的机会也就捉到了。

趋势监控并不神秘，它就是客观的、形象的向投资者反应当前价格所透露出的信息数据，依据当下数据执行交易，不去预测未来，所有的交易行为都以信号为准，相信形态的力量，相信成功的案例总比失败的案例多，这就是通往财富大门的正确之路。

如果大家对本书中所讲解的任何方法有不理解的地方，均可按本书前言中的联系方式QQ：987858807与我们联系，届时会有更多的操作技巧视频提供给您，相信这些视频课程会进一步提高您的实战水平！

一对一面授学员徐俊兵：

再次感谢您教我们的好方法、及以各位助教平日里的交流，在老师好方法、好思维的带领下，在好工具的帮助下，我相信，持续性的盈利不再是一件困难的事情！